U0574651

县域文化场馆发展报告
——以浙江宁海和甘肃静宁为例

A Report on Development of
County-level Cultural Amenities:
A Case Study of Ninghai,
Zhejiang Province and Jingning,
Gansu Province

胡文臻　刘举科／著

社会科学文献出版社
SOCIAL SCIENCES ACADEMIC PRESS (CHINA)

著者及主要调研者简介

著者及主要调研者：

胡文臻　中国社会科学院文化研究中心副主任，中国社会科学院社会发展研究中心副主任、特约研究员、博士

侯雪静　女，新华社记者

刘举科　甘肃省城市发展研究院副院长，兰州城市学院常务副院长、教授，甘肃中国传统文化研究会副会长

主要参与组织调研座谈者：

储银良　浙江省宁海县人民政府县长

徐德才　甘肃省静宁县人民政府常务副县长

万吉安　浙江省宁海县文化广电新闻出版局局长

孔松彪　浙江省宁海县文化广电新闻出版局副局长

寒　梅　女，甘肃省静宁县广电局科员

浙江雅搜文化艺术有限公司

宁海县十里红妆博物馆

相关文化企业负责人赵永华、赵海宇、袁秦等

参与问卷调查者：

兰州城市学院汪永臻博士、董知珍博士、新疆财经大学刘静博士

前　言

　　为了进一步贯彻落实党的十七届六中全会精神,深化文化体制改革,坚持"二为"方向和"双百"方针,总结我国县域文化场馆活动建设的丰富实践与宝贵经验,推动县域文化大繁荣、大发展,为县域经济社会与生态建设发展提供强大文化精神支撑,我们对浙江省宁海县和甘肃省静宁县文化场馆活动情况进行了深入调研和总结。对此提出了抓好主流文化引领建设与西部边疆文化认同建设等十条县域文化场馆活动建设发展对策。宁海县与静宁县一南一北,经济、文化、生态发展各具特色。有共性,亦有个性。两县开展文化场馆活动的经验和存在的困难亦各具代表性,对于我国县域文化改革发展具有重要的参考价值。

　　2011年10月11日至11月20日,由中国社会科学院文化研究中心副主任、中国社会科学院社会发展研究中心副主任、特约研究员胡文臻博士负责,与新华社记者侯雪静前往浙江省宁海县进行实地调研,宁海县县长储银良、宁海县文化广电新闻出版局局长万吉安重点组织讨论座谈。参与组织座谈调研的人员有:宁海县文化广电新闻出版局副局长孔松彪及县政府办、前童古镇等有关部门负责人,浙江雅搜文化艺术有限公司、宁海县十里红妆博物馆负责人及有关文化企业负责人赵海宇、赵永华、袁秦等。

　　2011年11月至2012年1月22日,由甘肃省城市发展研究

1

院副院长、兰州城市学院常务副院长、教授刘举科负责，与甘肃省静宁县常务副县长徐德才、县文体广电局寒梅等组织调研和座谈。

中央马克思主义理论研究与建设工程"马克思主义哲学"首席专家、全国政协委员、中国社会科学院学部委员、研究员、中国社会科学院文化研究中心主任李景源先生非常重视国情调研，期间听取了宁海县有关负责人汇报，提出了指导意见。

国情调研组重点对县域文化场馆的活动情况进行了调研。县域文化场馆的活动状况直接反映了我国市、县（区）级政府重视、规划、开展现有场馆文化活动的状况。同时也提醒地方政府在推进文化大发展建设中，提高认识，优先规划，避免盲目投资新建文化活动场馆设施，产生资源浪费现象。看似简单的场馆文化活动，实质是考验地方政府官员的转型管理与建设能力，搞活已有文化场、馆、站、室以及活动景点、名胜古迹、旅游等产业资源，提升文化经济和管理建设的竞争力。要立足区域，科学建设县域文化，搞好经济建设与生态建设，增强县域文化软实力。重点培育本土文化产业及特色项目，鼓励现有文化企业加快发展，采取走出去、请进来等多种方式，从场馆活动入手，探索文化产业成为县域经济社会发展的支柱产业，实现可持续发展。

目 录

引　言

　　文化是民族的血脉，是人民的精神家园。社会主义先进文化是马克思主义政党思想精神上的旗帜，文化建设是中国特色社会主义总体布局的重要组成部分，文化繁荣发展是全面建设小康社会的重要目标。胡锦涛总书记指出，必须坚定不移地走中国特色社会主义文化发展道路，努力建设社会主义文化强国。贯彻落实《中共中央关于深化文化体制改革推动社会主义文化大发展大繁荣若干重大问题的决定》①，全面建设惠及十几亿人口的更高水平的小康社会，既要让人民过上殷实富足的物质生活，又要让人民享有健康丰富的文化生活，最大限度满足最广大人民群众精神文化需求，坚持用社会主义核心价值观引领社会思潮，在全社会形成积极向上的精神追求和健康文明的生活方式，是进一步推动文化建设与经济建设、政治建设、社会建设以及生态文明建设协调发展的必由之路。

　　县域文化是指在我国以县级行政区划为地理空间，以县级区域经济社会发展为基础，在人类社会历史和发展过程中所创造的精神财富和物质财富的总和，是在相对稳定的区域内经长期积淀承传而形成的具有地域特色和功能完备的区域文化，具

---

① 《中共中央关于深化文化体制改革推动社会主义文化大发展大繁荣若干重大问题的决定》，《人民日报》2011 年 10 月 26 日第 1 版。

1

有历史承传性、相对稳定性、社会思潮引领性和生活民俗性等特征。县域人口约占我国总人口的70%，县域经济约占我国国民经济的60%，县域文化建设对于引领社会思潮、净化民俗民风、促进县域经济社会发展具有重大而深远的意义。而县域文化场馆活动建设是一个重要的平台和抓手，搞好县域文化场馆活动建设对于构建国家文化体制，弘扬优秀民族传统文化，借鉴吸收人类优秀文明成果，发展中国特色社会主义先进文化具有重要的现实意义。

按照县域文化结构的物质、制度、风俗习惯、思想与价值四层次说，① 从物态文化层、制度文化层、行为文化层、心态文化层等方面入手抓好文化场馆活动建设；从文化传承、文化生产、文化生活与文化消费等环节抓好县域文化生产与生活建设。以社会主义核心价值观作为主流文化来引领社会思潮，将地方文化、区域文化、民族文化与社会主义主流文化统一起来，抓好主流文化引领建设；将西部文化、边疆文化与社会主义先进文化统一起来，抓好边疆文化认同建设，充分发挥以文教化的功能，促进人的全面发展，提高民族素质，推动社会经济文化发展与生态文明建设。实现全面建设小康社会的伟大战略目标。

---

① 张岱年、方克立：《中国文化概论》，北京师范大学出版社，2004年第2版，第3页。

第一章　县域文化场馆活动情况调查

一　浙江省宁海县文化场馆活动情况调查 *

浙江省宁海县位于长三角东南部，依山傍海，绿水青山，生态环境优良，自然资源丰富，生态景观众多，具有得天独厚的自然生态优势。宁海又是宁波地区最佳人居地。宁海还具有丰富的文化生态资源。宁海是明代大旅行家徐霞客的《徐霞客游记》开篇之地，中国旅游日和倡议活动地，举办了八届中国（宁海）徐霞客开游节，打响了"天下旅游，宁海开游"的旅游品牌，充实了宁海生态旅游文化的内涵。

宁海人杰地灵，具有悠久的历史文化和丰富的人文精神，名人辈出，且历代名人崇尚气节，多耿直之士，如南京枢密院编修郑霖、右丞相叶梦鼎、史学家胡三省、文学家舒岳祥、明初文学博士方孝孺、"左联五烈士"之一的柔石、国画大师潘天寿等。宁海县重视挖掘地方历史人文资源，修缮了潘天寿、柔石等名人故居，建成了一批以名人命名的公园、古建筑，丰富了城市文化内涵。

宁海县涉文产业有模具、文具、灯具、五金机械、汽车配

＊ 浙江省宁海县文化场馆活动调研组成员为：中国社会科学院文化研究中心副主任胡文臻博士，新华社记者侯雪静，宁海县县长储银良，宁海县文化广电新闻出版局局长万吉安，浙江雅搜文化艺术有限公司赵永华、袁秦、赵海宇等。调研时间：第一轮：2011 年 10 月 11～16 日；第二轮：2011 年 11 月 4～20 日。

3

件、电子电器等特色行业，行业产品带有文化元素，是中国文具之乡。2010 年，宁海县人均 GDP 达到 3000 美元，县域经济综合竞争力上升至全国百强县第 66 位。全县城镇居民人均可支配收入 25946 元（全国城镇居民人均可支配收入 19109.4 元），农民人均纯收入达到 11367 元（全国农民人均纯收入 5919.0 元），城镇居民和农民人均可支配收入均高于全国平均数。生活水平提高了，促使消费结构发生了变化，娱乐、文化、信息、旅游、体育等文化消费所占比重加大。较强的经济实力和较高的居民收入水平为宁海县发展文化娱乐、休闲度假、现代商贸等生活性服务业奠定了经济基础；悠久的历史文化，传统的民俗文化，古镇村镇遗产、人文艺术等为宁海县挖掘、保护和开发文化遗产，走加快文化产业发展之路提供了精神文化基础。

宁海县文化广电新闻出版局在宁海县"十二五"时期文化产业发展规划中，指出了宁海县文化产业发展的现状与优势：宁海县文化产业占 GDP 比重逐年提升，发展速度不低，但是总量不大，整体实力不强。文化产业发展主要是娱乐、印刷、网吧、音像、书刊、体彩等传统产业，新兴的文化创意产业比较缺乏，而且没有形成完整的产业链。发展较好的文具制造业、竹木根雕等产业虽有文化元素，但不是核心文化产业。在文化创意、影视制作、演艺娱乐、文化会展、数字动漫、文化旅游、文化研究等方面均没有突破口，也未形成重点文化产业规模。宁海特色的文化旅游虽有很多优势，但都存在着定位不准、招牌不响、包装不够、缺大项目，有旅无游，缺乏根据地的劣势和来自周边兄弟县市旅游快速发展的影响。宁海县域文化、旅游文化产业最大的问题是缺乏拳头产品和拳头形象，缺少好的策划包装与营销。

宁海县"十二五"时期文化产业发展的指导思想是坚持科

学发展观，基本原则为：一是坚持重点突破和整体推进相结合原则；二是集中发展与区域均衡相结合原则；三是整体规划与分步实施相结合的原则；四是政府引导和市场机制相结合原则；五是开放市场和规范管理相结合原则。

宁海县"十二五"时期文化建设和文化产业发展的总体目标是：到2015年，增强宁海文化产业总体实力和核心竞争力，使之成为宁海举足轻重的支柱产业。其增长速度明显高于本地GDP增长速度和全国同类县市文化产业增长的平均速度。实施重大文化产业项目带动战略，培养一批在全国处于龙头地位并具有较强国际竞争力的文化产业集团，吸引企业和战略投资者，引进和培养一批优秀文化创新人才，推进一批优势文化行业和文化品牌，打造一批空间布局合理、产业关联度大、辐射带动能力强的基地和区域性特色文化产业群，形成现代和传统融合、区域布局合理、内外源经济均衡发展、产业组织体系健全、技术领先、资源集约利用的文化产业发展格局。明确了各阶段目标：第一阶段（2011~2012）主要目标是扩大文化产业的总体规模和调整优化文化产业结构相结合。第二阶段（2012~2013），主要目标是优化文化产业结构和提升文化产业素质。第三阶段（2014~2015），主要目标是全面提升文化产业的整体素质，完成文化产业的整体转型和文化产业内部及相关行业充分融合，文化产业对其他产业的渗透和关联效应更加显著，推动宁海经济全面进入创意经济时代。到2015年，文化产业对国民经济的贡献率进一步提高，对其他产业的拉动效应更加明显，基本确立文化支柱产业的地位。重点项目有总投资1.33亿元的宁海县十里红妆博物馆，于2011年建成，占地39亩，总建筑面积10680平方米。此外，总投资4000万元的东方艺术博物馆，已完成设计并落实项目用地规划。大佳河镇"博物馆之乡"工作已展开规划。宁海书城、十里红妆产业系列项目、宁海印刷城、文化创意园、文化会展创意园区、整合前童古镇文化街区、手工艺品特色艺术街区、城市夜生活文化休闲产业园区等项目进入重点规划。重点领域有文化创意产业，如举办全国文具大赛；现代印刷包装产业，如创建印刷城；文化旅游产业，如古镇、古村文化产业开发；文化主体公司、文化演艺产业，如创作独具宁海特色的平雕新剧；工艺美术产业，如宁海三雕（根雕、木雕、竹雕）；民俗文化产业，如保护原生态文化基础上的文化创意产业；名人文化及古建娱乐消费产业，音像图书、广播影视、文化博览等。

宁海县文化产业发展的总体目标是创建全国文化先进县。在政策保障方面：一是建立文化产业协调机制，加快体制与机制创新步伐；二是加强研发投入，构建创意产业研发体系；三是设立宁海县文化产业发展引导资金；四是培养龙头文化企业和建设文化产业园区。集中财力重点扶持一批文化产业项目，塑造一批知名文化品牌，培养一批龙头文化企业。

宁海县所形成的县域文化既有独特性，又有历史文化厚重积淀和民族民间遗风，是随时空流转形成的文化景观。县域文化经济因其地域依山傍海所特有的传统农、林、副、渔业产业关系及客观生活存在，一定程度上影响了宁海文化建设和文化产业发展，形成了点状分布和散落的文化元素，表现为集合于某一产业和某一产品的文化元素的丰富与缺乏。县域文化建设中存在的客观条件和制约因素，经济发展的地理优势、创业活动等影响了政府文化建设布局，群众自创文化活动缺失，消极文化影响在时间和空间上，倾向于多样但不规则的发展。体现出我国县域文化建设、文化产业发展的系统化建设研究还相对薄弱，县域文化建设、文化产业发展的基础性调查研究、县域文化事业及文化产业发展规律研究、创新模式的研究等重大课题研究工作是县域文化全面建设发展的重点。

宁海县文化建设、文化产业发展的主要问题表现在以下几方面：一是对文化产业的内涵认识不清，对文化产业和文化事业没有做出科学的区分。二是管理政出多门。宁海县文化产业分属于不同部门管理，行业、区域、部门分割严重，很难形成统一发展的大文化产业格局。三是文化政策缺失和文化法规体系不完善，导致产业发展缺乏激励措施，增加了投资风险。四是文化产业档次低，产业集团化程度不高，文化产业总体上表现为规模小、基础差、资金缺、人才少、分散经营，点状分布，没有形成产业集群。五是文化产业市场化程度低，市场在文化资源配置中的基础性作用未得到充分发挥，如宁海书画业与"三雕"艺术已经达到一定的艺术水准与知名度，但至今没有规范的艺术品市场。六是文化创意与经营人才缺乏，宁海县文化领域中缺乏既懂文化艺术创作又善于经营管理的复合型人才，文化中介机构发展比较缓慢。

宁海县鼓励、扶持立足于发展本土县域文化产业的民营企业。宁海江南民间艺术馆、宁海十里红妆博物馆创办人何晓道20年来，致力于县域文化产业的发展。宁海十里红妆博物馆坐落在宁海徐霞客大道，珍藏有1000多件"十里红妆"器具。"十里红妆"形容旧时嫁女的场面。人们常用"良田千亩，十里红妆"形容嫁妆的丰厚。旧俗在婚期前一天，女家将置办的食具雇挑夫送往男家，由伴娘为之铺陈，俗称"铺床"或"发嫁妆"。这铺房尽管不在婚姻"六礼"之列，但长期以来却是汉族婚俗的重要组成部分。至今仍可感受到"十里红妆"的民俗遗存对中国民族文化的传承与影响。

2008年10月7日，由宁波市文联、浙江省文联、浙江省舞蹈家协会历时两年共同创作，中国戏剧家协会副主席、国家话剧院副院长王晓鹰担任总导演，2008 年北京奥运会开幕式舞蹈《丝路》的领舞殷硕担任主演的舞剧《十里红妆·女儿梦》，在宁波大剧院举行首演，2009 年 3 月~5 月，在浙江省全省巡演，获得了广泛好评，从另一侧面反映了文化产业链延伸与可持续发展的活力。

舞剧《十里红妆·女儿梦》讲述了江南古镇两个年轻人之间动人的爱情故事：主人公越儿与阿甬青梅竹马，定亲之后阿甬外出闯世界，越儿日夜思念。在梦幻中，她看到了连绵十里的送妆队伍。全剧分《梦恋》、《梦别》、《梦月》、《梦嫁》四个篇章，分别以初恋、离别、诉思念、守望和成亲为主题，围绕江南汉族的婚嫁习俗和广泛流传于浙江大地的风土人情展开，用中国古典舞和浙江民间音乐舞蹈元素相结合的手法，展现出江南女子一生中最唯美精致的"梦"，也展示了让江浙人民引以为荣的婚嫁非物质文化遗产。

二 甘肃省静宁县文化场馆活动情况调查*

静宁县位于甘肃东部，六盘山以西，是古丝绸之路东段中线上的重镇，素有"陇口要冲"之称。静宁县总面积 2193 平方公里，总耕地 147.3 万亩，山旱地占 92%。全县辖 24 个乡镇、1 个街道办事处、333 个行政村、5 个居委会、2310 个村民小组，总人口 48.6 万人，其中农业人口 43.77 万人。

静宁历史源远流长，有着悠久灿烂的文化史。据考证，静宁是史籍记载中古成纪所在地。这片古老神奇的热土是"始画

<hr>

* 甘肃省静宁县文化场馆活动调研组成员为：甘肃省城市发展研究院副院长、兰州城市学院常务副院长刘举科教授，静宁县常务副县长徐德才，静宁县文体广电局寒梅等。调研时间为 2011 年 11 月至 2012 年 1 月。

八卦",肇启华夏文明的人文始祖伏羲氏和"炼石补天"的女娲氏的诞生地。葫芦河两岸支流的成纪水谷地上,至今还流传着伏羲、女娲黄土捏人的古老神话,是重要的华夏文化的根源所在地。文化积淀深厚,境内有马家窑文化、齐家文化、古长城等文化遗存 140 多处。静宁建郡置县已有 2000 多年的历史,汉置成纪、阿阳县,元始改德顺州为静宁州,1913 年改为静宁县。1935 年 10 月,中国工农红军一方面军长征到达静宁,毛泽东、周恩来、张闻天、王稼祥等中央领导曾在界石铺宿营,策应完成了三大主力的胜利会师。

静宁是教育文化大县,也是干旱贫困县,这便是这个西部大县的最大县情。为此,静宁县提出"越穷越要重精神,越穷越要办文化"的文化发展战略。为建设文化大县打下了坚实的文化思想基础。

静宁是干旱贫困县,属黄土高原丘陵沟壑区,海拔 1340 ～ 2245 米,年均气温 8.3℃,降水量可靠值 383 毫米,蒸发量 1342 毫米,自然降水利用率低。境内有葫芦河干流和 9 条支流,生态环境脆弱,自然条件严酷,是典型的旱作农业县,也是国家扶贫开发工作重点县。2011 年,全县国民生产总值达到 25.1 亿元,城镇居民人均可支配收入达到 12786 元,农民人均纯收入达到 3105 元。"静宁苹果"成为驰名品牌果品商标。2003 年被农业部划定为全国苹果优势产区之一。果品产业经过近 30 年的发展,截至 2011 年底,全县果园总面积达到 80 万亩,占耕地面积的 54.3%,农民人均 1.83 亩。静宁果品具有个大、形正、色艳、质脆、味美、耐贮、保健等特点,远销东南亚、俄罗斯等 6 个国家和地区,累计出口果品 3.5 万吨,创汇 2300 万美元。果品基地还获得了"国家地理标志产品保护"、"绿 A 产品基地"、"出口创汇基地"和"良好农业规范(GAP)基地认证"

四张国家级名片，红富士苹果被评为"中华名果"、"中华金果"和奥运特供果品一等奖，静宁县先后被国家林业局、中国果品流通协会评为"中国苹果之乡"、"全国经济林建设先进县"、"全国经济林产业百强示范县"、"中国果菜无公害十强县"、"中国苹果20强县"、"全国'兴果富农'工程建设果业发展百强示范县"。城乡基础设施不断改善，乡乡通上了柏油路，自来水入户率达到68.8%，县城规模达到8.6平方公里。

静宁县是教育文化大县，文化底蕴深厚，尊师重教蔚然成风。全县有各级各类学校353所，在校学生9.3万人，专任教师5485人，适龄儿童入学率小学为100%，初中为95.9%，静宁一中于2002年被评为省级示范性高中，2008年，静宁职教中心改办为平凉机电工程学校，已成为国家中等职业教育改革发展示范学校。自恢复高考以来，静宁共向各类大中专院校输送人才6万余人，高考质量连续33年居全市前列，先后荣获全国教育、文化先进县，"全国两基工作先进地区"，全国科技进步先进县、科普示范县和全省精神文明建设先进县、体育先进县、未成年人思想道德建设先进县、双拥模范县和全国文明县标兵等荣誉称号。

（一）注重文化场馆等基础设施建设和文化活动等精神文明建设

1. 多方筹资，加快文化设施建设

加强文化设施建设是构造文化发展新优势的重要物质条件，静宁县在县财政比较困难的情况下，始终把文化基础设施建设放在城镇建设的总体规划之中，千方百计筹措建设资金，优先安排文化基础设施建设项目，选择最佳场所，建阵地、添设备，使文化设施建设有了长足发展。从20世纪90年代初开始，县上投资300多万元建成了长600米，建筑面积4000平方米的仿古式成纪文化街。又投入近 3000 万元，邀请省内外著名专家在县城中心设计修建了规模宏大的汉代风格建筑——成纪文化城，新建的图书馆、文化馆、博物馆"三馆"的面积由过去的 2100 平方米增加到 5508 平方米，其中县文化馆、图书馆被文化部分别命名为国家三级馆，成纪文化城的建成，极大地改变了县文化设施落后的根本面貌，为总结、宣传、推介静宁文化打下了坚实的基础。2009 年，静宁县又先后筹措 1000 万元，对界石铺红军长征纪念馆进行大规模改扩建，建成中国工农红军界石铺红军纪念园，并被确定为全市爱国主义教育基地。同时，坚持面向基层，夯实基础，努力建设县、乡、村三级文化网络。全县 24 个乡（镇）、1 个街道办事处，建成比较规范的乡镇综合文化站 10 个，其中 2011 年新建 14 个，全县综合文化站总面积达到 7200 多平方米，配有图书 3.9 万多册，有文化专干 25 名。2007 年至 2009 年底全县建成农家书屋 193 家，配套图书 231600 册，价值 579 万元。2011 年建成 199 家农家书屋，实现全县农家书屋的全覆盖，有效解决了农民看书难的问题。全县经营性文化娱乐网（点）已达 58 处，为城乡各类文化艺术活动开展奠定了基础。县图书馆有藏书（杂志）50902 册，订有报纸杂志 60 多种，年接待读者 6 万人次，图书流动量达 10 万册次。2010 年静宁县争取共享工程建设资金 68 万元，配套电脑 35 台，在县图书馆建成了"全国文化信息资源共享工程县级支中心"，并投入使用。争取省财政厅、省文化厅投资 170 多万元，对全县 392 个行政村、组配备了 VCD、投影机、幕布、音箱、标牌等设备，完成了全县农村文化信息资源共享工程村级服务点建设。博物馆馆藏文物 2000 多件，其中一级文物 24 件，于 2008 年 5 月免费对外开放，2010 年投资 123 万元对县博物馆文物展厅进行维修加固，重新装修布展，进一步提升免费开放水平。

2. 积极引导，广泛开展群众性文体活动

在加强文化基础设施建设的同时，积极引导群众开展丰富多彩、健康向上的文化活动。近年来，以节庆活动为契机，静宁县坚持每年举办10次以上全县性职工业余文艺演出比赛、中小学生文艺调演、书画展等大型文艺活动。在大型文艺活动的辐射引导下，乡村经常开展电影放映、图书阅览、社火表演、科技讲座、书画交流展览以及体育竞赛等形式多样的文体活动，丰富群众的精神文化生活。坚持经常性的文化下乡。除每年集中组织5次"三下乡"活动外，静宁县秦剧团每年送戏下乡演出300场以上。全县从事专业、业余书画文艺创作的作者达500多人，其中56人的书画在省内外多次获奖，每年有100多幅书画作品在国家、省、市级刊物上发表，全县已建成界石铺书画、威戎高台（一种社火艺术形式）、新店剪纸3个民间艺术之乡。文艺创作队伍不断壮大，创作水平不断提高，每年都有一批文艺作品在地级以上刊物发表，并积极组织参加省、地举办的各种文艺调演活动。2007年静宁编排的现代眉户剧《当家》参加"魅力平凉"新创剧目调演，获得戏剧综合一等奖，在2008年甘肃省"千台大戏送农村"战役中获优秀新创剧目奖。2009年，以静宁县果业发展为题材创作的大型现代秦剧《金果人家》于10月30日晚在兰州市人民剧院参加全省庆祝新中国成立60周年新创剧目调演，受到了专家评委和省城观众的一致好评，共荣获各种奖项24个。

3. 规范管理，促进文化市场健康发展

静宁县高度重视文化市场管理工作，从2000年起将文化市场管理纳入全县年度精神文明建设目标管理考核之中。2004年成立了静宁县文化稽查大队，并配备了电脑、传真机、摄像机、照相机等设备。文化市场管理按照省、市整顿和规范市场经济

秩序工作的要求，一手抓繁荣，一手抓管理，使全县文化市场
经营规范，市场繁荣、健康、有序，无重大违法违规行为。县
文广局联合公安、工商等部门每年对全县文化市场进行集中检
查5次以上，还经常对文化市场进行"天天查"，查获不正规或
非法出版物1800册，对群众反映强烈的6家网吧进行了整顿，
对2家管理存在问题的网吧进行了警告和罚款处理，对13家音
像经营点进行了清理整顿，收缴盗版光盘146张。对文化经营
场所业主采取边整顿边培训的方法，使培训面达到95%以上。
通过检查整顿，使县文化市场健康有序发展，连续四次荣获省
市文化市场管理、行政执法先进单位。

4．"非遗"普查和文物普查工作进展顺利

根据国务院办公厅《关于加强我国非物质文化遗产保护工
作意见》和文化部办公厅《关于开展非物质文化遗产普查工作
的通知》及省、市关于在全省、全市开展非物质文化遗产普查
工作的通知等文件精神，静宁县成立了非遗普查工作领导小组，
县政府制定下发了《静宁县非物质文化遗产普查工作方案》，为
做好非遗工作打下了坚实的基础。目前，静宁县已对全县24个
乡（镇）392个村民小组进行了普查，普查工作覆盖了全县所
有乡（镇）及行政村，全面筛选出反映静宁地域文化特色的民
间文学、音乐、舞蹈、美术、戏曲、手工技艺、农耕习俗、消
费习俗、人生礼俗、岁时节令、信仰、游艺、传统体育与竞技
等方面的非物质文化遗产项目66项，制作收集各类光碟60余
张，县民保中心专门设立民俗保护陈列展室，编制《静宁县非
物质文化遗产普查文本汇编》5本10万字，绘制了静宁县非物
质文化遗产分布现状图，上报县政府公布第二批非物质文化遗
产保护目录12类26项。2011年上报省级项目三项，省政府已
进行了公布。文物普查工作从2008年3月开始，已完成了实地

普查工作,其中新发现文物点 79 个,复查 256 处,已上报纸质文本 100 余份,静宁县博物馆被省文物局授予"文化遗产保护工作先进集体"称号。

5. 文化产业健康发展

一是社会文化产业比较繁荣。目前全县各类文化经营户 122 家,其中网吧 13 家,书刊销售店 27 家,歌舞厅及其他娱乐场所 19 家,电子游戏厅 1 家,营业性演出团体 3 家,演艺场所 1 家,音像零售店 4 家,经营性体育场所 3 家,印刷厂 4 家,打字复印门店 22 家,画廊 4 家,书画经营及装裱门店 12 家,台球经营户 9 家。据统计,全县文化产业从业人员达 1300 人,经济收入 1693 万元,实现利润 120 万元。其中,印刷业收入 420 万元,发行业收入 710 万元,广告业收入 23 万元,娱乐业收入 470 万元(书画交易额 120 万元),演出收入 70 万元。

二是公共服务性文化产业发展良好。县秦剧团在演出市场不景气的情况下,积极开展送戏下乡活动,每年演出 300 余场,经济收入 30 万元。为了增强发展后劲,拓展发展空间,又自筹资金创办了静宁县成纪传媒有限公司,开设秦剧、器乐、舞蹈、快板、独唱等类型的艺术节目,有演员 40 多人,已形成一定规模。县网络公司发展有线电视用户 15800 户,其中已转换数字电视用户 12200 户,收入 330 万元。县文化馆开办了艺术培训中心,开设美术、声乐、儿童舞蹈等培训班,收到了良好的社会效果。

6. 文化人才队伍建设不断壮大

县文体广电局下辖县广播电视台、文化馆、图书馆、博物馆、体育活动中心、秦剧团、网络公司、电影公司 8 个下属单位,共有工作人员 171 人,其中行政人员 26 人,事业人员 145 人。全系统大学本科以上学历占 19.3%,大专学历占 23.4%,

专业技术人员中有副高级职称者 3 人，占 0.7%；有中级职称者 20 人，占 11.7%；有初级职称者 37 人，占 21.6%。全县共有乡镇文化专干 24 名，文化程度均在大专以上。同时静宁县积极培育各类农村文化能人 1905 人，其中书法 356 人，绘画 199 人，刺绣 215 人，器乐 815 人，民间歌手 345 人，被评定为"全省农村实用技术人才"的有 3 人，平凉市民间艺术大师 4 人。

（二）静宁县当前农民文化需求状况

随着农村生产生活方式的改变和县域社会主义新农村建设的不断推进，农民的文化消费需求正在发生相应变化：

1. 当前农民文化消费需求呈现新变化

随着县域社会经济的快速发展，当前农民文化消费需求出现了新变化，农民的文化消费不再停留在原来的"看看电影听听戏，天天守台电视机"的低水平上。

一是精神文化消费在农村已经形成了普遍需求。调查显示，农民们不仅希望建设中的新农村干净整洁，更希望自己能够不断提高科学文化方面的素质。调查结果还显示，农村群众对加强自身知识技能培训的需求非常强烈，愿意为此投入资金和精力，其中"农业实用技术"、"法律知识"和"职业技能"等培训内容最受欢迎，这与政府大力倡导的"有知识、有技能、懂法守法的新型农民"要求方向是一致的。

二是经济收入水平对农民文化消费水平有较大影响。从需求对象看，经济发展水平高的乡镇农民文化需求旺盛，而经济发展水平较低的乡镇农民的文化需求相对较弱。在经济实力较强、文化基础设施较全的乡镇，当地农民欢迎层次较高的文化活动，比如界石铺镇、八里镇、城川乡等乡镇，都希望县级以上文化、科技部门的专业人员举办培训班、专题讲座（如书法、美术、科技等），以此培育、提高农民群众的先进文化意识，发挥他们在社会主义新农村文化建设中的积极性、主动性，推动当地经济持续、快速发展。

三是看电视仍然是农民主要的文化娱乐活动，但需求已呈现多样化。调查显示，看电视仍然是农民最主要的文化娱乐方式，高居各种文化娱乐活动之首。这可能是因为农民生活水平有了明显提高，农村"村村通"工程取得成效，电视以其方便收看、节目丰富、花费相对较低而成为绝大多数农民家庭的生活必需品，所以，看电视成为农民文化生活的主要形式。但在调查中我们发现，看电视听广播、看报纸读读书、拿个小板凳去广场看看下乡的电影和戏剧等这些传统的农村文化生活，如今早已不能让农民感到满足了。农民需要新型的文化娱乐活动，比如上网，经常性地看到电影和文艺演出。

四是实用性科技文化知识学习成为农民文化消费的新潮流。从需求内容看，最受农民欢迎的是农业科技类文化知识，少有人"光顾"中外文学名著。但调查中也发现，一部分农民很重视文化生活。这部分人主要是一些求知欲强的农民。这部分农民喜欢读书、看报、听广播，目的是从中获取自己需要的知识，了解各种信息。他们舍得花钱买书、订报，舍得花时间读书、看报。

五是送文化娱乐下乡活动广受农村群众欢迎。从需求供给渠道看，农民除了喜欢本地文化活动，还对形式活泼的"文化娱乐下乡活动"非常感兴趣，参与程度很高。大多数农民认为政府组织的送图书、送戏剧、送电影等文化下乡活动很有成效，很受广大农民群众欢迎。

2. 当前农民参与文化活动情况

静宁县是农业大县，现有农业人口 43 万多人，据调查，经常参加文体活动的农民群众所占比例不高。主要集中在每年的春节期间，自发组织社火表演、体育赛事等活动，大多数农民文化素质偏低，文体生活贫乏，生活空虚。农民受教育程度总体不高，农民家里很少有藏书，平时看书少，大多数是通过电视等比较直观的方式了解信息；农民平时参加体育活动少，打牌、搓麻将、下象棋就成了农闲时的主要娱乐方式。

3. 存在问题的主要原因

一是文体基础设施落后。近年来，随着国家扩大内需项目的实施，先后建成了乡镇文化站、农家书屋、"一村一场"等部分惠民工程，方便了农民群众的文体活动，但由于建设的数量少，农民居住分散，不方便农民开展文体活动。

二是思想观念落后，良好生活习惯培养不够。由于农民生活水平不高，大多数农民还是过着"日出而作，日落而息"的传统日子和外出打工生活，大多数时间忙于农活、家务和打工，即使农闲时节，也没有参加文体活动的习惯。

三是价值取向多元。农民的价值取向决定了对文体活动的认知不同，老年农民普遍认为自己"离天远，挨土近"，希望后辈和睦相处，想尽力为儿孙多做点事情，自己只要吃饱穿暖就行，很少在乎文体活动；中年农民大多数追求发家致富，要活出个人样来，不仅自己努力学习文化知识，改变生活面貌，还鼓励儿辈们多学知识，多参加体育活动，强身健体，"跳出农门"干事业；年轻人接受新事物比较快，经常在农村与城市穿梭，学习了城里人的生活方式，比较喜欢各类文体活动，也积极带头参加文体活动，投入时间学习农业实用技术、法律知识和职业技能。

（三）需要强化新农村建设与城镇化建设过程中的文化引领作用

一是组织农民开展多样化的文体活动。县、乡、村三级政府与组织，应从农民的文体水平和欣赏能力出发，依托乡村公共文体设施，多举办一些农民喜闻乐见的文体活动，便于农民就近参加。在活动的内容上，需要突出反映农民的生活现状，反映他们对当前生活的认识和感受，采用大众化的形式宣传农民致富的先进事迹，使农民在心理上能够接受和乐于接受。通过组织开展各类文体活动，对群众参与性和积极性加以引导，寓教于乐，提高农民们学习政策、科技知识和投身新农村建设的积极性，丰富他们的精神文化生活，加快建设生产发展、生活宽裕、乡风文明、村容整洁、管理民主的社会主义新农村步伐。

二是加大农村文体基础设施建设。在充分利用村部、闲置校舍作为农民开展文体活动场所的同时，各级政府要充分发挥职能作用，争取项目支持，加大农村文体基础设施建设力度，最大限度地满足农民的基本文体需求。一是"一村一场"建设。在全县所有行政村分别建成硬化篮球场一处，配备篮球架一副，乒乓球台两副，健身器械一套。二是村文体活动中心建设。每个村保证建成一处集文体活动、文艺会演、村民议事等为一处的村文体活动中心，便于农民开展文体活动。三是充分发挥农家书屋的作用，加大对建成书屋的投资，配全桌椅板凳，落实管理员报酬，保证书屋工作正常开展，彻底解决农民买书难、借书难、看书难问题，真正发挥书屋"精神宝库"的作用，让群众在闲暇时间充电学习，为发家致富多储备"科技能量"。

三是先进文化引领发展。要从物质、制度、风俗习惯、思想与价值等方面入手，以社会主义核心价值观、社会主义荣辱观以及传统文化、科技文化、生态文化等社会主义先进文化占领农村思想文化阵地。加强学习教育，引领农村经济社会发展。调整结构，转变生产方式，移风易俗、改变生活方式，保持和发扬优秀华夏文明传统，自觉抵御和消除腐朽不健康文化侵蚀，使社会主义先进文化成为引领和推动发展的重要文化支撑。

四是推进新农村建设和城镇化速度。2011年我国城镇化率已经达到51.27%，中国传统农业社会结构发生了重大改变。城镇化建设速度已经进入加速发展阶段。然而，在我国西部，特别是经济欠发达县域，城镇化建设还有很大差距，需要进一步解放思想，改革开放，协调发展，以文化建设推进新农村建设和城镇化建设速度。

五是提高生活质量离不开文化建设。幸福生活是物质生活与精神文化生活的总和。文化建设是提高人民生活质量的重要方面，直接影响着人们对传统文化、生产方式、生活习惯以及价值观的改变。所以，提高人民生活质量就必须物质、精神两手抓。

第二章 县域文化场馆活动
建设的成就与困难

　　浙江省宁海县和甘肃省静宁县文化场馆活动建设经验和存在的困难各具代表性。两县一南一北，有共性，亦有个性，其实践对于县域文化改革发展具有重要参考价值。

　　一　科学规划文化活动场馆设施建设

　　县域文化活动场馆设施建设重点有党员活动室、文化馆、图书馆、新华书店、文化活动中心、电影院、戏台、文化广场、棋牌娱乐室、卡拉 OK 歌厅。乡镇一级有相应的场馆、图书室、春节大型活动场。行政村（社区）还有图书室、农家书屋、书画艺术室、节日活动室等文化活动场所。这些文化建设设施在县域文化发展中具有重要的作用。文化设施建设相对齐全、完善的县市，基本上列入了所在省、市、县文化建设的总体规划。文化设施建设相对薄弱的县市，主要原因是财政收入有限，投入少，争取到位建设资金少，县市获得省级财政配套资金少，招商引资项目少等。

　　二　重点发展文化场馆活动创新项目

　　县域文化建设、文化产业发展跨入了一个伟大的创新时代。县域文化建设面临深刻的变革，面临融入大发展、大繁荣的机遇和许多有利条件，也面临一系列新情况新问题。依照中共中央关于深化文化体制改革决定精神，县域文化建设应重点规划启动场馆创新文化特色项目，创新区域文化品牌项目，建设文化资源共享工程以及文化旅游、文化会展、文化节日、文化物流工程、县域品牌文化剧目、文化元素浓厚的工业、农业、食品、加工产品等系列文化建设的文化产业项目。实践中注重结合现有送书下乡工程、红色文化旅游工程、广播电视"村村通"工程、流动舞台车工程、村村电影放映工程、村村读书室建设等系列规模不同并已产生影响的文化场馆（室）项目，形成科学的系统规划建设，形成县域文化活动场馆设施的网点共享机制，协调发展县域文化建设和服务体系。

三　重视开展丰富的文化场馆活动

在县域文化活动场馆设施建设的同时，要坚持鼓励和支持群众喜闻乐见的、富有地方特色的、传统健康的场馆文化活动。节假日文化节目、曲艺、书画展览等文化生活活动要逐步发展成县域百姓喜爱的文化盛宴，并在县域内形成"欢乐生活、快乐周末、美丽家园"等场馆文化品牌。要科学引导县域社区居民、村级农民积极参与共享场馆文化资源建设工程的福利。科学创办健康、丰富多彩、自娱自乐的场馆文化活动、表演形式，增强文化活动建设活力。

四　保护非物质文化遗产

在县域文化活动场馆建设中，要坚持重视非物质文化遗产及古建筑保护工作。文化建设离不开历史遗存的、民族特色浓厚的文化遗产。文化遗产以不同形式的书院、楼阁、戏台、村落、山水、洞窟、庙宇、祠堂等流传至今。"非遗"的保护工作，要侧重于积极挖掘健康有益的活跃于基层文化建设的内容，使之成为县域文化活动设施建设的重要组成部分。县域"非遗"保护、申遗名录中因地域不同、遗产内容不同，所占比重也不同。县域本级参与申遗、评选命名、获得公布的文化遗产也因地域、形式、代表而不同。将"非遗"项目融洽地汇入形式多样的展览、演出、论坛及民族节、民俗文化节也是县域场馆文化活动建设的重要内容。

五 重视文化活动队伍建设与人才培养

县域文化活动的建设与发展是在群众基础广泛，文化特色鲜明的农村地区、社区、县域机关、企事业单位中相对丰富多样的场馆文化活动基础上产生发展起来的。培育群众健康、文明的生活方式，提高思想道德和科学文化素质，要从基层场馆文化专业队伍的建设入手。要改变文化活动专业队伍和业余队伍中结构老化、文化层次偏低、活力不足的状况，要及时调整引导，输送精力旺盛，专业性较强，年轻的具有创新精神的人才。县域文化场馆活动人才队伍建设要拓展培养渠道，优化培养方式，提高队伍素质，优化人才资源结构，文化人才能进能出。健全文化人才管理模式及奖励机制，形成文化人才大显身手的好环境。同时建立和培养区域文化志愿者队伍，大力培养和发展民间文化队伍，在各项文化活动中，抓好团队建设。建立文化骨干、文化工作者及多种形式的文化志愿服务团员、文化指导员、文化积极分子、场馆文化专干、管理人员等文化人才的培养与储备机制。结合学以致用、创新特色等乡土文化表现内容、形式，建立一支素质高、技术过硬、专业性强的文化管理队伍。

第三章 县域文化场馆活动
建设的制约因素

宁海县和静宁县文化场馆活动的调查反映出制约县域文化场馆活动建设的一些因素，包括重经济社会建设而轻文化生态建设、文化生产与文化消费严重脱节等。下面分别论述。

一 对文化建设认识不够，重经济社会建设而轻文化生态建设

对文化建设的"二为"方向认识不够，对县域文化建设缺乏整体科学规划。县域文化场馆活动建设中，要深化文化体制改革，促进文化产业创新发展，研究规划文化产业成为县域经济社会发展的支柱产业。从两地实践来看，还未真正从文化大发展、大繁荣的战略高度来认识文化软实力的战略地位，这将严重影响文化体制创新、改革的信心和决心。没有真正认识到文化建设与发展是经济社会建设目标的重要组成部分，甚至没有从科学规划的角度将文化建设纳入地方重点发展项目，财政预算计划中根本不考虑文化管理和文化产业项目，对从事文化工作的人员的业绩、目标管理采取形式化的考核评定，对加强和促进文化项目引进、建设、管理的措施不力，对执行中央文化建设的总体部署及文化创新工作政策法规的措施不到位。对于生态文明建设，推广使用绿色产品，树立节能减排意识，保护自然环境，树立新的价值观和生活观认识不够。

二　文化建设研究规划引导工作需先行

对经济社会转型、调整结构和县域文化场馆活动建设缺少机制与规律研究，对县域文化场馆活动建设缺少科学规划及论证研究。改革开放以来，中国经济社会发展取得了令世界瞩目的巨大成就，人们生活的安全感、幸福感、社会责任感进一步提高，国家文化软实力得到快速提升。以马克思主义为指导，走中国特色社会主义道路，弘扬以爱国主义为核心的民族精神和以改革创新为核心的时代精神，坚持社会主义荣辱观，建设秀美家园等核心价值观理念深入民众心中，促进了我国经济体制的转型，顺应了以人为本和社会发展目标要求。经济社会的转型除了物质性表现外，同时体现在社会文化的全面进步方面。十七届六中全会推动了社会主义文化大发展、大繁荣的建设大潮，县域文化活动建设既是经济社会快速转型发展的机遇，也是新挑战。那些落后的文化形式和活动将会逐渐消失，传统但又落后的文化元素也将面临消亡。而转型、更具活力的文化元素、文化产业、文化活动和适应新时期的文化形态的场馆活动建设还没有全面发展起来。因此，县域文化场馆活动急需开展科学规范系统的研究规划和建设工作，以引导县域文化健康有序发展。

三　正确处理文化建设中社会效益与经济效益的关系

创新县域文化活动场馆建设，发展文化产业必须处理好文化建设中社会效益与经济效益的关系。防范市场经济的冲击及其负面效应的产生，充分运用文化产业的发展规律，消除阻碍文化事业发展的不利因素。县域经济是社会主义市场经济成果的第一浪潮。随着市场经济的不断推进，县域经济迎来了新农村建设、新文化产业发展的第二波浪潮。由于市场经济的广域性和带给群众致富的丰硕成果，新农村建设中融合了多元文化元素，一些市场经济的负面效应渗透进人们的行为意识，严重损害了县域经济健康发展。通过调研座谈我们发现，打麻将、打牌、算命、迷信发财、唯利是图、拜金主义、低级庸俗，甚至媚俗的行为活动严重影响和削弱了县域文化建设和文化场馆活动的健康开展，降低了文化品位，甚至影响到行为准则、道德素质的培育，根本看不到文化事业建设的效益。文化建设者没有活力、没有积极性，参与从事文化建设没有社会效益、经济效益。县域文化建设因区域不同、发展模式不同，在文化从业人员的管理、物质待遇、工作环境、发展机遇、激励机制等方面存在差异，均面临文化人才短缺、流失、队伍不稳定的困难处境，甚至存在管理错位、不良竞争的现象。追求物质享受而忽视了精神文明建设。这是阻碍县域经济社会可持续发展的深层次问题。

四 需转变生活方式，移风易俗

小富即安、低级趣味、求神拜佛、封建迷信、社会消极现象等落后文化在县、乡还很有市场，直接冲击健康生活、科学发展等主流县域文化思想，削弱了县域文化活动场馆的功能，扭曲了县域文化正确发展的方向。经济的快速发展给群众带来了丰富的物质生活，靠劳动致富，一些居民、农民住上了楼房，过上了小康日子。一些在不同岗位勤恳工作、劳动致富的职工同样过上了丰衣足食的幸福生活。这些都是党的富民政策结出的果实，群众心里明白，高兴。但同时社会文化生活缺乏，精神无所寄托，主流文化引导不及时，造成群众文化价值观的错位，更由于贫富差距拉大、城乡差别的存在，加之市场经济的种种负面效应，例如道德沦丧，社会诚信缺失，假冒伪劣充斥于市场，假农药、假种子、毒奶粉危及生命安全，冲击着群众的生活，冲击着城乡居民的精神生活。特别是致富后群众的精神文化心态失衡，思想上陷入了价值观的错位，为封建迷信、社会消极现象、不健康思潮的产生与蔓延提供了温床。传统的祭祖、乡土节庆和婚丧嫁娶活动规模不断攀升，随行演出活动节目低俗、庸俗、随行礼教人员消极相随，沉迷不悟。这种方式传达的价值观完全与社会主义核心价值观相抵触，凸显县域文化缺乏有效管理与正确引导，缺乏引导群众以积极向上的健康心态参加文化活动的有力手段与措施。

五 文化生产与文化消费严重脱节

文化生产与文化消费严重脱节是县域文化建设弱化的市场原因。县域文化的建设与发展经历了"延安文艺座谈会"、"百花齐放、百家争鸣"、改革开放、中国特色社会主义文化建设等历史时期，我国从 2003 年开始提出整体构建公共文化服务体系，其工作重点是农村。围绕服务体系建设目标，国家启动了一系列重大的文化工程，如送书下乡工程、广播电视村村通工程、农村电影数字化放映"2131"工程、文化信息资源共享工程等。政府不断加大投入，一定程度上缓解了农村文化"四难"问题。文化建设工程给农民带来了文化资源共享，但与文化生产和消费目标还存在一定差距：一是国家投入社会资助文化设施的共享设施利用率较低；二是县域品牌文化活动带动影响力不够；三是城乡文化活动针对性不强，缺乏吸引力。这三种现象值得研究机构与政府关注，要了解熟悉广大群众文化需求，及时生产并提供科学健康、实用性强、引导性强的文化产品，走出一条有县域特色的优势文化发展之路，满足群众日益增长的文化需求。

六 文化繁荣而管理滞后

社会主义先进文化、传统文化、地域民俗文化、外来文化等多元文化，使得县域文化繁荣，但管理引导滞后于经济社会管理体制，直接影响着县域文化的健康发展。文化是精神财富与物质财富的总和，文化管理体制也应是经济、文化、制度协调统一的管理体制，是文化生产、生活、消费的有机统一，是与社会主义核心价值观相一致的统一开放、竞争有序的现代文化市场体系。因此，建立党委领导、政府主导、文化引领、服务主体、社会公众共享、职能责任协调，坚持"二为"方向和"双百"方针的文化管理体制迫在眉睫。

七 网络建设与文化安全教育滞后

网络已经成为人们生活、学习的重要工具和文化引领与安全教育的重要平台。县域文化建设中，网络基础建设和安全管理是县域文化建设中的薄弱环节，我们必须提高认识，予以加强。

第四章　县域文化场馆活动建设改革与发展对策

深化县域文化体制改革，推动县域文化大发展大繁荣，要坚持社会主义先进文化发展方向，用马克思主义中国化的最新成果武装全党、教育人民，用中国特色社会主义共同理想凝聚力量，用以爱国主义为核心的民族精神和以改革创新为核心的时代精神鼓舞斗志，用社会主义荣辱观引领风尚。用社会主义核心价值观引领社会思潮，充分发挥先进文化在县域文化建设中的引领风尚、教育人民、净化灵魂、服务社会、推动经济社会发展的作用。挖掘整理非物质文化遗产，继承发扬优良传统文化，保护开发文物文化，宣传弘扬"红色文化"，创新生产科学文化，消费文明生活文化，建立新型生态文化，大力弘扬社会主义先进文化，更好地满足人民精神需求，丰富人民精神世界，增强人民精神力量。

一　将地方文化、区域文化、民族文化与社会主义主流文化统一起来，抓好主流文化引领建设

用大文化的思路开展社会主义县域文化建设，将地方文化、区域文化、民族文化与社会主义主流文化统一起来，抓好主流文化引领建设，占领农村文化阵地。十七届六中全会将县域文化建设推到了新的历史发展起点上。文化大发展大繁荣的浪潮必将推动新的县域文化建设快速发展。我们要深刻认识文化大

发展对我国新农村建设、和谐社会构建的重要性。坚持以科学发展观为指导，继续坚持"生产发展、生活宽裕、乡风文明、村容整洁、管理民主"的文化建设思路，坚持尊重实际、尊重群众的原则，贯彻"多予、少取、放活"的方针。调整农业经济结构，提高农民的文化生活水平和生活质量，全面建设小康社会。县域文化建设、文化产业发展目标应致力于新时代居民、农民共享文化公共产品，享受精神文化和思想道德素质提升成果。要努力创建全国文化建设先进县。以高度的文化自觉，高度的责任感申请列入国情调研重大文化建设项目课题研究，探索一套专家智库研究，政府规划保障，企业投资建设的"三位一体"合作建设管理机制。纳入县域重大项目立项建设规划，建成国家级文化品牌示范基地、文化产业的创新工程基地、国家国情调研的文化示范基地。推动县域文化大发展，文化产业大发展。

在县域文化建设中，要制定实施品牌战略，发展县域城乡特色文化活动。注重地域文化与"红色文化"的保护发展与产业开发，建设自己的品牌，将县域范围内的历史文化、传统健康文化、科学文化、生态文化、人文文化、民俗文化、艺术文化等文化资源优势转化为文化产业发展优势，促进县域文化大发展、大繁荣、大融合。有计划地对民间优秀文化资源系统开发，批判继承和综合创新，重点发展县域特色文化，发挥文化的独特作用和巨大潜力，为县域经济发展建设和开发群众性文化娱乐活动服务。挖掘那些活跃在群众中间，积极健康、文化内涵丰富、具有独特价值的历史文化遗产或民族文化资源，进行开发创新，以更具活力的表现形式提供优质精神产品，丰富群众文化生活。在此基础上，加大力度研究创新民族特色文化的品牌战略。那些常态化、制度化的评选活动，要有新的评定标准，要有技艺精湛的民间艺人或民间艺术大师指导；"民俗文化创新，民间文化艺术之乡，区域特色文化之乡"等命名活动，要结合新时代特征，注意保护与发展相结合，开发富有民族和地域特色的剪纸、绘画、陶瓷、雕刻、泥塑、编织等民间工艺项目，重点建设和创意民间曲艺、杂技、戏曲、龙舟、花灯、舞龙狮等特色民俗表演，配套开展文化产业的设计营销活动，加大力度研究开发民俗旅游项目，促进古镇文化、生态文化、民俗文化、艺术广场等文化设施保护、维修、建设，建设一批文化名镇、文化名园、文化之乡、文化单位、文化名品，展现县域文化建设的丰富内容，推出真正的文化品牌。

二 将西部文化、边疆文化与社会主义先进文化统一起来，抓好边疆文化认同建设

西部文化、边疆文化（边塞文化）都是中华文化的重要组成部分。西部文化包含着边疆文化，边疆文化又反映着西部文化。我国的西部民族众多、地域广袤，西部独特的历史背景和社会生活，孕育了灿烂的文化，形成了别具一格的西部文化。西部文化具有地域性、多元性和原生态性。边疆文化是指在我国边疆区划地理空间内，经长期积淀承传而形成的具有地域特色和功能的区域文化，具有历史承传性、民族性和多元性特点。

文化认同是指人与人或个人与群体之间共同拥有文化的认同。边疆文化建设主要是指边疆地区教育、科学、艺术、卫生、体育等方面的知识和设施建设。也就是边疆地区以文教化，以文"化"人，提高人的素质、民族素质和社会管理素质的历史过程。要从物质、制度、风俗习惯、思想与价值等方面，从物态文化、制度文化、行为文化、心态文化等方面入手，抓好边疆文化认同建设，从传播媒介、传播途径、教育、学习、认知、

接受、内化、认同过程中抓好边疆文化认同建设。传播媒介与途径有广播影视、网络传媒、教材图书、报纸书籍等载体，通过学校教育、家庭教育、社会教育与个体、组织与民族的学习提高，实现文化接受与认同。用社会主义先进文化将地方文化、区域文化、民族文化统一起来，大力开展文化宣传教育活动，推广双语教学，弘扬以爱国主义为核心的民族精神和以改革创新为核心的时代精神，使社会主义先进文化为人们所接受和认同，内化为他们自觉的价值追求和基本的人生信念，融入生活，指导生活。繁荣边疆文化，促进民族团结，稳定社会秩序。充分发挥文化的教育功能，推动边疆经济社会生态全面发展。

三　加强县域网络文化建设，强化网络舆情引领

网络文化是县域城乡居民文化生活的普遍需要，在现代文化建设与舆情引领中具有不可替代的重要作用，已经成为人们工作、学习、生活的重要工具和舆情引领的重要平台。加强县域网络文化建设与管理也成为县域文化建设的重要内容。农村网络重在建设，城镇网络重在舆情引导与管理。目前，农村网络建设基本处于起步阶段。"村村通"工程基本解决了农村广播、电视、电话、电、水、路等的畅通。但网络建设差距还非常大，需要重点规划与建设。城镇网络文化建设重点则是加强管理、净化网络环境与舆情引领。

四　加强县域国家文化安全教育，保障县域文化安全健康发展

国家文化安全是指一个国家在发展过程中，能够有效地消除和化解潜在的文化风险，抗击外来文化冲击，以确保国家文

化主权不被威胁的一种文化状态。在文化的差异与冲突中如何保持和延续自身先进文化，使一个国家现存文化特质得以保持与延续，是国家文化安全的本质要求，是保持国家和民族的文化之"根"和"源"。国家文化安全包括国家文化政治安全、文化信息安全、公共文化安全以及语言文字安全、风俗习惯安全、价值观念安全和生活方式安全等。在县域文化发展过程中，如何保持和发扬优秀华夏文明，吸收先进外来科学文化，抵御和消除外来不健康文化侵蚀，是关乎国家文化安全的大是大非问题。也是保持中华文明传承发展，保持中国特色社会主义可持续发展的文化支撑。建设中华民族共有精神家园，增强民族凝聚力，必须认识明确，防范措施得力，培养和引导我们的青少年学生和公民热爱祖国、热爱民族文化，认同社会主义核心价值观。坚持社会主义先进文化前进方向，弘扬中华文明，培养对传统文化的自豪感，要努力提高学生及公民的国家文化保护意识和保护能力。例如风俗习惯的相对稳定和继承发展，以及在稳定基础上的移风易俗，是一个国家安全稳定的重要社会基础。而价值观念则是广大国民对各种各样的社会现象甚至自然现象的是非判断和基本态度，以及他们对自己欲采用行为的目标、方式、手段等方面的价值取向。他们在日常生活中奉行什么样的价值观念，有什么样的价值取向，直接影响对传统和现存价值观的认同，也直接影响着主流文化的传承与发扬。因此，始终保持文化上的先进性是保障国家文化安全的关键。

五　抓好"三文"建设，促进"三农"建设，推动新农村建设，加速城镇化建设

抓好文化生产、文化消费与文化生活建设，促进农民文化、

农村文化、农业文化繁荣发展，推动新农村建设，加速城镇化建设，充分发挥先进文化引领和支撑作用是县域文化特别是西部县域文化建设中的重要任务之一。任何一种文化类型的产生，都离不开特定的自然条件和社会历史条件，离不开特定自然地理环境下的物质生产方式和社会组织结构。文化生产、文化生活与文化消费也离不开特定的自然地理环境。例如，静宁县古成纪是"始画八卦"肇启文明的人文始祖——伏羲文化和"炼石补天"的女娲氏的诞生地，是重要的华夏文化的根源所在地。宁海是明代大旅行家徐霞客的《徐霞客游记》开篇之地，是中国旅游日和倡议活动地，具有得天独厚的自然生态资源，也是宁波地区最佳人居之地。

常态化开展"三农文化"服务活动，是搞好县域文化的重要内容和抓手。在县域文化建设过程中，基层农民文化、农村文化、农业文化始终伴随着广大农民，而且农民文化、农村文化、农业文化的"三农"特性和"三农"建设及"三农"问题均与文化信仰密不可分，甚至直接影响到县域文化建设的成效。其主要原因是一些旧的、落后的封建文化至今仍影响着一些农民的生活习惯。要以县域先进文化建设作为阵地，发挥宣传教育引领作用，就要从农民最喜爱的文化生活入手，以贴近实际、贴近农民的文化多样活动为基本载体，创新文化建设、文化产业发展的方式。县域文化建设的主体是农民，农民在县域文化建设中起着举足轻重的作用。农民往往是以文化接受者和积极参与者的双重身份来接受文化教育，因此要充分调动和发挥农民的积极性和主观能动性，开展文化建设活动。在县域文化建设中，要注重群众的文化需求和提高群众文化生活的质量，开展那些娱乐功能齐全，调节身心健康，有益于消除疲劳、恢复体力、快乐生活、陶冶情操的文化活动。引导群众结合生产生活实际，开展形式多样、长效方便、内容健康的文化活动，同时要采取便利、快捷、自愿、业余的原则，有效地组织引导群众利用农闲、长假、节日等开展文艺演出、劳动技能、花会、灯会、诗歌会、书画鉴赏以及各类健身比赛等活动，真正做到寓教于乐。开展群众文化活动，要积极引导农民群众崇尚科学，破除迷信，移风易俗，抵制消极、落后不健康的文化活动和思潮，提高思想道德水平和科学文化素质，形成文明、健康、科学、规范的生活方式和社会风尚。让广大群众真正在消费文化产品时自觉接受社会主义核心价值观的熏陶。要注意研究新时代群众精神文化需求的变化和新时期开展文化活动的特点，不断创新、创意、充实活动内涵，把握时代特点，给群众提供更多丰富多彩、快乐祥和的文化生活产品。

六　调动各方积极性，推进县域文化场、馆、站、室建设

调动各方积极性，集国家、集体、企业、个人力量，投入县域文化场、馆、站、室建设。建立研发文化产业的文化、工业、商业、服务业、生态农业等复合产业平台，进行文化场、馆、站、室建设。例如，由最具政策影响力的中国社会科学院文化研究中心开展国情调研，邀请相关高水准的产、学、研机构的研究人员参加，由地方政府牵头，进行实例研究。再如，浙江雅搜等地方企业投资的具有地方特色的重大文化示范工程项目"中国宁海古镇文化产业论坛博览会"、"中国静宁成纪伏羲文化一条街"建设。规划设计以宁海县前童古镇为示范基地，对全国约350个历史文化名镇的古镇文化、饮食文化、民俗文化、特色文化、传统文化、文化艺术、名人技

艺、建筑艺术等文化产业进行研究保护与开发。通过每年一届 7~14 天的宁海古镇文化博览会，展示不同地域、不同民族、不同经济社会发展历史阶段产生和形成的文化精品，进一步促进政府和社会对文化遗产、古镇群文化的保护和展览交流，促其成为县域文化特色产业，推动县域经济发展，成为提高农民收入的重要支柱产业之一，增强人民群众对不同地区、不同形式、不同风格的各民族文化的认同感和自豪感，为县域经济发展、社会进步、先进文化发展起到示范和推动作用。通过研究、整合、改造现有文化设施，确定重点工程建设，带动文化产业龙头企业建设，同时要注意政策配套，自愿结合，产权明晰，特别是大的兼并、收购、合作行为，要依法依规进行。

七　加强文化工作队伍建设，推动县域文化可持续发展

重视人力资本与文化建设的关联作用。既要加强县域文化管理体制建设，又要坚持以人为本，培育一大批懂管理、懂文化、懂市场的高素质人才，并在文化建设实践中提高队伍的整体素质。一是加强和完善县域文化管理体制；二是加强文化工作者队伍建设。对现有的文化人员进行专业培训，提高县域文化事业单位文化管理人员的整体素质；采取灵活多样的形式，充分调动专业人员的积极性，加强基层文化队伍的教育培训。同时要从每年的优秀大学毕业生中选拔热爱文化工作的人才，到基层就业和以志愿者形式服务文化工作，县域文化志愿者的培训和机制完善是一项需要长期规划与建设的工作。与此同时，积极培养县域文化中的农民文化骨干，发挥民间艺人、文化积极分子、文化能人的作用，让他们充分展示才艺，活跃基层

（农村）文化生活，传承发扬民族文化精神，发挥农村文化人才的带头示范作用，实现可持续发展的农村文化建设。

八　探索建立县、乡（街道）、村（社区）三级文化组织管理机构，完善服务主体的县域文化建设管理服务体制

建立党委领导、政府主导、文化引领、服务主体、社会公众共享、职能责任协调、坚持"二为"方向和"双百"方针的文化组织管理体制。探索在城镇街道社区和农村乡村社区建立以政府为主导、乡镇（街道）为依托、村组（社区）为重点、农户（居民）为对象的管理服务体系。建立经济、文化、制度协调统一，生产、生活、消费有机统一，与社会主义核心价值观相一致的统一开放、竞争有序的现代文化市场体系。加强县、乡（街道）、村（社区）文化设施、文化场所、文化服务网络的建设与管理。充分发挥县域文化场所，如文化广场、文化馆、图书馆、乡村文化站、文化活动室的功能和作用。探索集广播影视、文艺演出、图书阅读、科学培训、体育健身、休闲娱乐、管理教育于一体的综合服务机制。乡镇可结合机构改革和站（所）整合、建立乡村（社区）文化一室多用，服务三农（居民）的便民服务体系。将一些闲置村级房屋、场所、单位空闲厂房、办公楼维修改造为文化活动场所。探索县与各乡镇中小学、企事业单位的图书室、电子阅览室、健身房、演艺厅定时就近向群众开放，就地取材，充分利用一切资源建成宣传文化、娱乐、活动中心，开展多样、丰富、灵活、方便、实惠的文化服务与管理。

九　发展县域文化，追求人文素质、社会效益、经济效益与生态效益的协调发展

文化改革发展必须"坚持把社会效益放在首位，坚持社会效益和经济效益有机统一"。这是正确协调文化事业和文化产业关系的必然要求。文化建设的目的是教育人民，服务社会，促进发展。要找准县域文化的切入点，确立群众在县域文化活动中的主体地位，满足群众对新文化的自觉需求，追求人文素质、社会效益与经济效益的协调发展。县域文化建设是我国基层文化建设发展的根基，取得成就的关键在于选准切入点和发扬传承建设的有效载体。群众中的文化活动，来源于民间，服务于民间，发展于民间。要大力扶持健康有益的民间文化，使之成为文化活动的主要载体，成为群众自觉文化活动的实践。要引导群众在文化活动中自我教育，自我管理，全面发展，形成文化活动的城乡主力。要研究县域文化建设的疏导方式和方法，通过文化活动实践，形成政府指导，文化干部领导、理论界辅导、文艺骨干倡导、舆论引导、文化产业利益诱导等方式进行文化引领和疏导工作机制，加快县域文化建设步伐。在县域文化建设中要重视并加大宗教管理力度。宗教在县域文化活动中存在，是历史发展的结果，我国大多县域的群众都信仰佛教、道教，有些地方的群众还信仰基督教，个别县域基督教发展较快。宗教信仰自由，但绝不允许违法，破坏国家形象，伤害民族感情。

十　把生态文化建设与文明转型统一到县域文化建设中来

生态文明是人类文明的高级形态，是人类认识的升华和价

值观改变的文明成果，是对渔猎文明（崇拜自然）、农业文明（依赖自然）和工业文明（征服自然）的超越，是人类文明史上一个新的里程碑。生态文明建设已经成为国家意志、人民需要。生态政治、生态社会、生态农业、生态工业、生态文化建设是生态文明建设的重要组成部分。县域文化建设也必然要把生态文化建设渗透到新农村建设、城镇化建设以及现代化建设的每一个领域和环节中去。要把生态农业、生态工业、生态文化建设统一到生态文明建设中去。充分发挥县域农业带、自然带镶嵌的天然优势，通过各级各类教育机构，把生态文化内化为每一个城乡居民的文化意识，建立新的生态文化认同，树立新的生态价值观，转变生活方式，提倡节能减排、健康环保的生活方式，使县域环境成为人人向往的环境优美、生态文明、生活富足、民风淳朴的绿色生产、生活的宜居宜业家园。

"郡县治则天下安"，县域文化建设上承国家发展战略，下连乡村"三农"文化，事关社会主义新农村建设和城镇化建设。全面实现小康的发展战略，是中国特色社会主义事业总体布局的重要组成部分。用社会主义先进文化占领农村文化阵地，丰富农村文化生活，以满足人民精神文化需求为出发点和落脚点，坚持先进文化为人民服务，为社会主义服务，坚持以人为本，贴近实际、贴近生活、贴近群众，教育引导群众崇尚科学，移风易俗，改变生产方式和生活方式，全面提高民族素质，使县域文化为全面推进新农村建设和城镇化建设，全面实现小康社会服务。

县域、边疆（口岸地区）
生态文化调查问卷*

尊敬的女士/先生：

　　您好！

　　全世界面临"生态文明与发展"的重大课题，国家提出建设生态文明发展战略，开展生态城市、生态乡村、生态口岸等多种形态的生态实践活动，科学地提升了生态文化的发展战略，这是我国生态文明建设的一项重要举措。为积极倡导生态消费理念，开展生态消费教育，广泛宣传正确的生活观、消费观，引导经营者和消费者强化生态环保意识，在全社会倡导安全、绿色、健康和理性的消费行为，我们正在进行一项有关生态文化方面的调查，希望从您这里得到对生态文化价值取向、消费意愿和消费行为状况等方面的信息。

　　本调查问卷答案没有对错之分，所得数据仅为课题研究使用，不会泄露您的私密信息，您的答案具有不可替代的意义，为力求调查客观、准确、真实，请在符合您情况的项目内填写或用"√"表示。

　　希望能得到您的配合和支持，谢谢！

---

　　* 问卷版权设计责任人：中国社会科学院文化研究中心副主任胡文臻博士。问卷设计撰稿人：胡文臻、兰州城市学院刘举科教授、汪永臻博士。问卷访谈研究负责人：胡文臻、新疆财经大学文化资源评估与规划研究中心主任刘静博士。

第一部分　个人基本信息

1. 您所在的省、县（区）、口岸地区、城镇（村）、社区：_____

2. 您所从事的职业：_____

3. 您的性别是：（　　　）

A. 女　　　　　　　　B. 男

4. 您的学历是：（　　　）

A. 小学　　　B. 初中　　　C. 高中　　　D. 大专

E. 本科　　　F. 研究生　　　G. 其他_____

5. 您的年龄是：（　　　）

A. 18 岁以下　B. 19～30 岁　C. 31～50 岁　D. 51 岁以上

6. 您的联系方式：电话_____；E - mail _____

第二部分　生态文化基本知识

7. 生态文化是（　　　）

A. 人统治自然的文化

B. 人与自然和谐的文化

8. 您对生态文化相关知识了解多少？（　　　）

A. 非常了解　　　B. 比较了解　　　C. 一般了解

D. 不太了解　　　E. 完全不了解

9. 您一般是通过以下哪些方式获取生态文化知识的？（可多选）（　　　）

A. 电视、网络、广播等媒体　B. 书籍、报纸、杂志

C. 课堂教育　　　　　　　　D. 家人、朋友处得知

E. 出国交流、进出口岸、旅游，其他

10. 您会主动去了解与生态文化有关的内容吗？（　　　）

A. 会主动了解　　B. 如果看到会去了解但不会主动

C. 不会去了解　　D. 对我没有意义根本不在意

11. 您认为生态文化对于我们人类社会的意义大吗？（　　）

A. 有很大意义　　B. 有一些意义

C. 没有意义　　D. 与我无关

12. 节约，是经济行为，也是一种（　　）。

A. 商品时尚　　B. 环保时尚　　C. 经济时尚

13. 你一定听说过女娲补天的故事，这不过是一个神话传说。但是，今天的科学家告诉我们，天空的确被捅了个洞，这就是臭（　　）层空洞。

A. 铁　　　　　B. 铜　　　　　C. 氧

14. 绿色食品是我国经专门机构认定的无污染的安全、优质、营养类食品的统称。这类食品在国外被叫作"自然食品"、"有机食品"，也叫"（　　）"。

A. 生物食品　　B. 生态食品　　C. 无机食品

15. 21 世纪是（　　）世纪。

A. 科技　　　　B. 经济　　　　C. 环保

16. 保护水环境，我们应该选择使用（　　）洗衣粉。

A. 普通　　　B. 无磷　　　C. 高磷　　　D. 多用

17. 在下列回收废品中，如果没有回收，对环境造成危害最大的是（　　），1 节 1 号电池能使 1 平方米的土地永远失去利用价值，1 粒钮扣式电池可污染 6 万立方米的水。

A. 废纸　　　B. 废玻璃　　　C. 废电池　　　D. 碎木

18. 汽车在什么状态下排放的一氧化碳最多（　　）。

A. 停车状态开发动机　　　　B. 高速行驶

C. 中速行驶　　　　　　　　D. 超高速行驶

19. 以下哪个是人类为保护臭氧层正在采取的行动（　　）。

A. 使用无氟制冷剂　　　　　　B. 减少汽车尾气的排放

C. 使用无磷洗衣粉　　　　　　D. 少用煤

20.《中华人民共和国环境保护法》规定，（　　）都有保护环境的义务，并有权对污染和破坏环境的单位和个人进行检举和控告。

A. 国家干部　　　　　　　　　B. 任何单位和个人

C. 环境保护部门　　　　　　　D. 学生和工人

21. 受到污染之后，受害最严重的人群往往是（　　）。

A. 老人　　　B. 婴幼儿　　　C. 妇女　　　D. 病人

22. 方便面里必然有哪种食品添加剂（　　）。

A. 防腐剂　　　　　　　　　　B. 合成抗氧化剂

C. 食用色素　　　　　　　　　D. 干燥剂

23. 全国每年跑、冒、滴、漏的淡水是（　　）。

A. 20 亿立方米　　B. 5 亿立方米　　C. 10 万立方米

24. 环境监测的对象有（　　）。

A. 大气、水体、土壤、生物、噪声

B. 大气、市容、土壤、生物、噪声

C. 大气、交通、土壤、生物、噪声

25. 随着绿色消费运动的发展，全球已逐渐形成一种（　　）的生活风尚。

A. 追求时尚　破坏环境　　　　B. 保护环境　崇尚自然

C. 保护环境　盲目消费

26. 清洁能源有（　　）。

A. 核能、太阳能、地热能　　B. 生物质能、太阳能和地热能

C. 太阳能、潮汐能、生物质能

27. 街道上新放置了分类垃圾箱，小刚手里的空矿泉水瓶应丢入（　　）。

A. 装废纸的箱　　　B 装塑料的箱　　　C. 装易拉罐的箱

28. 中、小城市噪声定期监测的周期是（　　　）。

A. 一季度　　　B. 半年　　　C. 一年

29. 生活垃圾填埋场应设在当地（　　　）主导风向的下风向，在人畜栖息地 500 米以外。

A. 春季　　　B. 夏季　　　C. 秋季　　　D. 冬季

30. 湿地保护是环境保护的重要领域，是国际自然保护的一个热点；世界湿地日为每年的（　　　）。

A. 3 月 12 日　　　B. 5 月 2 日　　　C. 2 月 2 日

31. 以下说法哪种是错误的？（　　　）

A. 三个废餐盒可以做一把学生用尺

B. 废易拉罐溶解后可以 100% 地无数次循环再造成新罐

C. 废玻璃无法回收利用

32. 因环境因素而导致的环境变化是指（　　　）。

A. 环境影响　　　B. 环境改善　　　C. 环境改造

33. 使用复印机时，复印机的带高电压的部件与空气进行化学反应产生的臭氧（　　　）。

A. 没有影响　　　B. 对人体健康有害　　　C. 对人体健康有益

34. 提起浙江宁海或甘肃静宁，令您印象深刻的是什么？（多选）（　　　）

A. 文化名城　　　B. 纪念馆众多　　　C. 教育发达

D. 水果驰名　　　E. 风景秀丽　　　F. 饮食丰富

J. 其他

第三部分　生态文化价值取向

35. 我会经常关注时尚流行的变化。（　　　）

A. 非常不认同　　　　　　B. 非常认同

36. 生态文化追求一种什么样的文化价值？（　　）

A. 人类中心主义价值　　　　B. 人与自然和谐发展的价值

37. 您的生活态度是：（　　）

A. 尽情享乐　　　　　　　　B. 努力改善不利境况

C. 无论生活悲喜都会享受生活　　D. 接受一切生活的安排

38. 如果以下只能选择一项作为您成功的标准（　　）

A. 家财万贯，衣食无忧　　　B. 家庭幸福和睦

C. 事业有成，声名显赫

39. 您对于人性善恶的看法是什么？（　　）

A. 人性本善，即使做坏事也有其原因

B. 好人也有坏的一面，坏人也有变好的一天

C. 人性本恶，即使伟人也必须受到制度的约束

40. 自我实现对您来说（　　）

A. 很重要，这是我生活的主要目的

B. 有些重要，但对待生活还可以有很多种态度

C. 无所谓，我根本没有想过

41. 对于工作，您更喜欢（　　）

A. 有保障的工作，因为生活可以很稳定

B. 有挑战性的工作，因为不断地接受挑战能够提升自我

C. 有潜力的工作，因为人的眼光总是要放得长远一些

42. 当您与朋友产生矛盾时，通常会做什么？（　　）

A. 直接说出来，和对方坦诚相见更容易化解矛盾

B. 通过纸条、发短信或者 QQ 留言之类的间接方式，这样
更容易避免尴尬

C. 闷在心里，不好意思主动化解，也许过段时间自然就缓
和了

43. 您如何看待生命？（　　）

A. 生命是轮回，今生是为前世赎罪，是为来世修福

B. 生命无轮回，为老一辈安享晚年，为下一代指引方向

C. 无论生命有无轮回，把握当下为自己而活，及时行乐

44. 您如何应对工作？（　　）

A. 顺其自然，冥冥中自有安排

B. 争分夺秒，一秒光阴一桶金

45. 您更倾向于哪种人与自然的关系？（　　）

A. 天人合一，人类与自然和谐共存

B. 人定胜天，人类拥有征服自然的力量

C. 自然是一切的主宰，人类如试图违背自然规律必遭毁灭

46. 您认为决定群体中最高力量的最主要因素是（　　）

A. 资历　　　B. 年龄　　　C. 声誉　　　D. 性别

E. 领导能力　　　F. 社会地位

47. 人的消费行为应该与其社会地位相符。（　　）

A. 非常不认同　　　　　B. 非常认同

48. 即使我有钱，我也不会购买太多高档产品。（　　）

A. 非常不认同　　　　　B. 非常认同

49. 我所想要的产品在各方面都必须满足我的要求。（　　）

A. 非常不认同　　　　　B. 非常认同

50. 我会选择经久耐用的产品。（　　）

A. 非常不认同　　　　　B. 非常认同

51. 我会购买亲友都认为好的产品。（　　）

A. 非常不认同　　　　　B. 非常认同

52. 人的所作所为应该与其社会地位相符。（　　）

A. 非常不认同　　　　　B. 非常认同

53. 我会时不时过得物质一点。（　　）

A. 非常不认同　　　　　B. 非常认同

54. 一个产品需要实用。（　　）

A. 非常不认同　　　　　　　B. 非常认同

55. 别墅、高档小车对我很有吸引力（　　）

A. 非常不认同　　　　　　　B. 非常认同

56. 我会关注我喜爱的产品的最新动态。（　　）

A. 非常不认同　　　　　　　B. 非常认同

57. 我注意避免在单位同事面前买降价产品。（　　）

A. 非常不认同　　　　　　　B. 非常认同

58. 为达目的，可以不择手段。（　　）

A. 非常不认同　　　　　　　B. 非常认同

59. 与比我有钱的朋友逛街，我会选择比较高的消费。（　　）

A. 非常不认同　　　　　　　B. 非常认同

60. 不论白猫黑猫，抓到老鼠就是好猫。（　　）

A. 非常不认同　　　　　　　B. 非常认同

61. 我喜欢领先潮流。（　　）

A. 非常不认同　　　　　　　B. 非常认同

62. 您认为贵社区的下列现象状况如何？

（1）不尊敬老人的现象（　　）

A. 很严重　　　　　　　　　B. 一般

C. 不存在这种不和谐现象　　D. 不清楚

（2）居民暴力解决纠纷（　　）

A. 很严重　　　　　　　　　B. 一般

C. 不存在这种不和谐现象　　D. 不清楚

（3）黄色文化（　　）

A. 很严重　　　　　　　　　B. 一般

C. 不存在这种不和谐现象　　D. 不清楚

（4）封建思想（　　）

A. 很严重　　　　　　　B. 一般

C. 不存在这种不和谐现象　D. 不清楚

（5）红白喜事大操大办（　　　）

A. 很严重　　　　　　　B. 一般

C. 不存在这种不和谐现象　D. 不清楚

（6）赌博现象（　　　）

A. 很严重　　　　　　　B. 一般

C. 不存在这种不和谐现象　D. 不清楚

第四部分　生态文化生产

63. 您休闲娱乐时最常从事的活动是：（可多选）（　　　）

A. 写作　B. 看书　C. 参加学习培训活动　D. 发明设计

E. 看电视、看电影　F. 参加社区活动　G. 上网

J. 其他_____

64. 您在获取知识过程中遇到的最大困难是：（可多选）

（　　　）

A. 工作太忙　　　　　B. 花费太高

C. 年纪大所致　　　　D. 其他_____

65. 您获取信息的渠道是：（可多选）（　　　）

A. 看电视　　　B. 看报纸　　　C. 听广播

D. 上网　　　　E. 街道宣传栏

F. 社会交往中获得　　G. 其他_____

66. 您最关注哪方面的信息？（可多选）（　　　）

A. 致富信息　　B. 就业信息　　C. 政府相关政策信息

D. 科学新发现、新发明和科技应用　E. 其他_____

67. 影响您参与生态文化活动交往的最大困难是（　　　）

A. 个人性格原因　　B. 经济能力　　C. 时间限制

D. 疾病　　　　　E. 其他_____

68. 您愿意接受的精神文化服务方式是：（可多选）（　　　）

A. 职业介绍　　B. 职工帮扶　　　C. 法律咨询及援助

D. 心理辅导　　E. 社区精神康复　F. 文化福利

G. 进出口岸宣传引导　H. 其他_____

69. 您获取生态文化知识的渠道是（可多选）（　　　）

A. 书籍　B. 电视　C. 报纸　D. 广播　E. 课堂学习

F. 社会交往　G. 网络　J. 旅游　H. 其他_____

70. 您家的主要经济收入来源靠什么？（多选）（　　　）

A. 种植农作物　　B. 种植蔬菜　　C. 做买卖　　　D. 打工

E. 养殖　　F. 其他_____

71. 用有机肥料代替化学肥料，可以提高土壤有机质含量。有机肥料通常指含有大量生物物质、动植物残体、排泄物等农家肥料。农家肥料主要有以下几种：（多选）（　　　）

A. 堆肥（各类家畜禽粪便、秸秆、青草等为原料，与少量泥土混合堆积而成）

B. 绿肥（栽培或野生绿色品种作物或其他植物体作为肥料）

C. 塘泥肥（未污染鱼塘、水流中的河泥、塘泥、湖泥等）

D. 作物秸秆　　E. 其他_____

72. 您怎样看待有价值的生产和实践？（多选）（　　　）

A. 既要达到社会和经济目的，又要达到环境和生态目的

B. 地球上的动物、植物、微生物、生态系统和自然界的其他生物都有生存权利，人类对其要负责

C. 在生产中，应该以个人为中心，不需要考虑自然界和其他人的利益乃至后代利益

D. 在我们平时的生产当中，只要能满足人类的需求，资源

高消耗、产品低产出、环境高污染均无关紧要

E. 其他_____

73. 您社区周围的企业对您有哪些影响？（多选）（　　　）

A. 噪音污染　　　B. 空气污染　　　C. 水污染

D. 垃圾堆放　　　E. 其他_____

74. 如果对社区污水进行处理，您认为怎样做才能达到合理高效，符合社区规划？（多选）（　　　）

A. 集中管道排放　　　　　　B. 安装净化设备

C. 排放到一起，不需要净化　　D. 直接排放到河里

E. 其他_____

75. 您对当前的垃圾清运模式满意吗？（　　　）

A. 很满意　　　　　　　　　B. 较满意

C. 不满意　　　　　　　　　D. 建议_____

76. 社区及道路周边乱搭乱建、粪草乱堆、垃圾乱倒现象普遍存在，这样不仅影响社区的整体形象，而且直接危害人们的身体健康，如果让您进行管理，您怎么做才能改变这一现象？（多选）（　　　）

A. 建议统一规划　　　　　　B. 垃圾统一收集处理

C. 提倡个人与集体双重管理　D. 任其自然

E. 其他_____

77. 不使用塑料袋和餐盒，购物时自带竹篮（框）和环保袋，您怎样看？（　　　）

A. 很有必要　　　　　　　　B. 没有必要

C. 顺其自然　　　　　　　　D. 其他_____

78. 您社区的自来水使用是否正常？如果还没有使用自来水或不正常，请说明原因（　　　）

A. 正常　　　　　　　　　　B. 不正常

C. 没有使用　　　　　　　　　D. 原因＿＿＿＿＿＿＿＿

79. 您家的卫生厕所使用状况怎么样？（　　　）

A. 有单独厕所　　　　　　　　B. 有公厕

C. 单独厕所和公厕均有　　　　D. 没有厕所

80. 您家目前厨房卫生和节约能源方面做得如何？（多选）
（　　　）

A. 使用节能灶　　B. 使用柴火　　C. 烧煤　　D. 电器

E. 沼气　　　　　F. 其他＿＿＿＿＿＿＿＿

81. 为了社区的规范整洁，您愿意对墙体进行粉刷、对庭院进行硬化吗？（　　　）

A. 很不愿意　　B. 较愿意　　　C. 不愿意

D. 无所谓　　　E. 其他＿＿＿＿＿＿＿＿

82. 如果对您社区的道路、沟渠等基础设施进行建设，需要投工投劳，您愿意付出吗？在政府补助资金不足的情况下，需要农户自筹资金建设自己的家园，您会尽力筹措吗？（　　　）

A. 很不愿意　　B. 较愿意　　　C. 不愿意

D. 无所谓　　　E. 其他＿＿＿＿＿＿＿＿

83. 要求每户在自己家的周围种植绿化树、草坪，您会积极主动参与吗？

A. 很不愿意　　B. 较愿意　　　C. 不愿意

D. 无所谓　　　E. 其他＿＿＿＿＿＿＿＿

84. 种植农作物时，您认为化肥、农药施用量如何？（　　　）

A. 越多越好　　B. 适量即可　　C. 尽量少用

D. 可以不用　　E. 其他＿＿＿＿＿＿＿＿

85. 为了调整产业种植结构，让您家多种植核桃、梅果、油菜等经济作物，少种植大蒜等农作物，您怎么看？（　　　）

A. 支持　　B. 不支持　　C. 无所谓　　D. 其他＿＿＿＿＿＿

第五部分　生态文化消费

86. 做这张调查问卷之前您对生态文化消费了解多少？
（　　）

　　A. 没听说过　　　B. 听说过，但不知道什么意思

　　C. 知道其大概含义及内容

87. 你认为文化消费主要是为了什么？（　　）

　　A. 提高自身素养　　　　B. 丰富精神生活

　　C. 追随时尚　　　　　　D. 学习或工作的需要

　　E. 打发空余时间　　　　F. 其他＿＿＿＿＿＿

88. 在消费某项文化产品或服务时，以下哪些因素是您优先
考虑的？（　　）

　　A. 价格和质量　　　B. 服务态度　　　C. 品牌实用性

　　D. 售后服务　　　　E. 其他＿＿＿＿＿＿

89. 在价格、质量都相当的情况下，您是否会优先购买环保
产品？（　　）

　　A. 会　　　　　　B. 不会　　　　　　C. 看情况

90. 您有没有主动了解口岸经贸及文化交流，或参加兴趣
班、社团活动、俱乐部？（　　）

　　A. 有　　　　　　B. 没有

91. 您通常会消费哪种类型的文化产品？（　　）

　　A. 电影、电视节目　B. 电子游戏软件　C. 书籍、杂志

　　D. 数码产品、娱乐性、休闲性文化产品　E. 其他＿＿＿＿＿

92. 您当前正准备添置哪些具有生态文化元素的商品？（多
选）（　　）

　　A. 家居、保健、食品、特产、玩具类

　　B. 护肤美体类、服装饰品类、数码类

C. 文化、体育、休闲类

D. 当前不准备添置物品

E. 其他＿＿＿＿＿＿

93. 在适当的文化消费下，您的幸福感是否提高？（　　）

A. 有时　　　B. 会　　　C. 总是会　　　D. 从不会

94. 您喜欢用哪种方式来消遣？（多选）（　　）

A. 上网　　　B. 看书　　　C. 逛街　　　D. 听音乐

E. 健身　　　F. 国内外旅游　　　H. 其他＿＿＿＿＿

95. 对于传统文化及其产品，您的态度如何？（　　）

A. 摒弃　　　B. 原封不动保留　　　C. 取其精华，弃其糟粕

96. 您是否支持正品抵制山寨产品？（　　）

A. 是的　　　B. 不是

97. 您最关心的消费问题是什么？（　　）

A. 价格　　　B. 质量　　　C. 环保　　　D. 方便

98. 您是否关注自己的消费行为对生态环境造成的影响？（　　）

A. 总是　　　B. 经常　　　C. 很少　　　D. 从不

99. 您进行生态消费的主要目的是什么？（　　）

A. 健康　　　B. 时尚　　　C. 环保　　　D. 无意识

100. 您日常的主要出行方式是什么？（　　）

A. 步行　　　　　　B. 骑自行车

C. 公共交通工具　　　D. 驾驶私家车

101. 您认为生态文化消费包括下列哪些内容？（　　）

A. 适度消费　　　B. 理性消费　　　C. 健康消费

D. 安全消费　　　E. 可持续消费

102. 在日常生活中，您能做到的有：（　　）

A. 节约用电、用水、用纸等

B. 少用一次性物品，购物时自备环保袋

C. 购买低碳产品

D. 出行多坐公交车和步行，少开私家车

103. 你喜欢的家电产品风格是：（可多选）（　　）

A. 简洁　　　B. 优雅　　　C. 柔和　　　D. 金属质感

E. 华丽　　　F. 其他＿＿＿＿＿＿＿

104. 您在选购农产品的时候，关心过农产品的农药残留问题吗？（可多选）（　　）

A. 非常关心，非常谨慎　　　B. 了解一些农药残留的危害

C. 无所谓，没什么大不了　　　D. 其他＿＿＿＿＿＿＿

105. 您最关注的生态文化消费领域是什么？（多选）（　　）

A. 绿色食品　　B. 环保装修　　C. 家电节能　　D. 节能汽车

E. 生态旅游　　F. 绿色家具　　G. 其他＿＿＿＿＿＿＿

106. 您认为生态文化消费能给您的生活、工作带来什么好处？（　　）

A. 环境友好、造福子孙，是一种绿色健康的生活方式

B. 便捷实用，能效最大化，节省能源开支

C. 不清楚

107. 进出口岸旅游、交流或现实生活中，下列哪些生态文化标志会成为您选购商品的一项依据？（可多选）（　　）

A. 中国环境标志（Ⅰ型）　　　B. 中国节能认证

C. 中国环保产品认证

D. 中国环境标志（II 型）

E. 绿色建材

F. 绿色食品

G. 中国环境标志（III 型）

H. 中国能效标识

I. 可循环再生

J. 安全饮品

108. 选购家电时，您往往考虑哪些因素？（多选）（   ）

A. 价格　　　B. 款式　　　C. 节能

D. 容积　　　E. 其他_____

109. 您认为提高市民生态消费意识的最有效方法是什么？

（   ）

A. 媒体加强宣传力度　　　B. 加强生态消费知识的教育

C. 建立健全相关的政策法规　D. 提高企业生态生产意识

F. 其他_____

110. 您在消费中是否有过合法权益受损害的遭遇？（　　　）

A. 是　　　　　　　B. 否

111. 从保护环境、节约资源的角度考虑，我们写字最好选择下列三种笔中的（　　　）。

A. 自动铅笔　　　B. 圆珠笔　　　　C. 铅笔

112. 您在购买商品或接受服务过程中，合法权益受到损害的主要表现是：（　　　）

A. 经济损失　　　　　　B. 精神损害

C. 人身安全　　　　　　D. 其他_____

113. 您在购买商品或接受服务过程中如发生纠纷会如何处理？（　　　）

A. 坚决维权　　B. 视情况，如严重侵犯自身权益，会投诉

C. 嫌麻烦，有时宁愿吃哑巴亏　　D. 其他_____

114. 如果您愿意购买一款生态环保产品，您最期望它在以下哪几个方面有不凡的表现？（多选）（　　　）

A. 节约资源　　　B. 减少污染

C. 可以重复使用或多次利用有益于健康

D. 可以分类回收，再循环　　E. 具有生态补偿机制

115. 在购买商品或接受服务过程中如合法权益受到损害，您如何维权？（　　　）

A. 找经营者要求和解　　　　B. 向消费者组织投诉

C. 向人民法院起诉　　　　　D. 在网上发帖寻求帮助

E. 找新闻媒体曝光　　　　　F. 其他_____

116. 您认为侵害消费者合法权益最严重的是哪些行业？（可多选）（　　　）

A. 互联网行业（网购）　　B. 医疗行业　　C. 房地产行业

D. 餐饮/旅游行业　　　　　E. 电信行业　　F. 化妆品行业

G. 汽车行业　　　　　　　H. IT 行业（电脑、手机）

I. 家用电器行业　　　　　K. 金融保险行业

117. 您认为侵害消费者合法权益最突出的问题是（可多选）（　　）

A. 假冒伪劣依然横行　　　B. 网上消费问题太多

C. 虚假广告误导公众　　　D. 食品安全事故多发

E. 商业欺诈防不胜防　　　F. 霸王合同大量存在

G. 商品和服务乱涨价，物业服务让人无语　H. 其他_____

118. 您认为中国消费者权益保护工作在哪些方面最亟待加强？（可多选）（　　）

A. 加大制假惩治力度　　　B. 减少维权环节和成本

C. 行业自律真抓实干　　　D. 舆论监督毫不留情

E. 其他_____

第六部分　生态文化生活

119. 请问在平时生活中，您常用塑料袋吗？（　　）

A. 经常使用　　　B. 偶尔使用　　　C. 很少使用

120. 您家目前使用节能电器吗？（　　）

A. 都是节能的电器　　B. 一部分使用　　C. 不使用

121. 请问在平时生活中，您使用一次性餐具吗？（　　）

A. 偶尔使用　　　B. 很少使用　　　C. 经常使用

122. 您丢垃圾时是否会关注垃圾的分类？（　　）

A. 会　　　　B. 有时会　　　　C. 不会

123. 为了生活环境优美，您愿意对庭院进行规整、种植树木、草坪吗？（　　）

A. 无条件愿意　　　　B. 如有补助，愿意

C. 不太愿意，麻烦　　D. 不愿意，与我无关

124. 发生在你周围破坏生态的行为有哪些？（多选）
（   ）

A. 乱丢生活垃圾　　 B. 污水排放　　 C. 森林破坏

D. 工厂废气排放　　 E. 其他_____

125. 当您发现身边有不爱护或破坏生态的行为，您会
（   ）。

A. 想方法去制止　　 B. 向有关部门反映

C. 与己无关，由政府处理

126. 您听说过"生态文明建设"这一概念吗？（   ）

A. 有　　　　　　　 B. 没有

127. 您认为生态文明建设主要是谁的责任？（   ）

A. 居民　　　 B. 企业和单位　　　 C. 政府

D. 媒体　　　 E. 共同的责任

128. 您对自己的生活环境是否满意？（   ）

A. 满意　　　　 B. 基本满意　　　 C. 不满意

129. 您愿意更加深入地学习如何传播生态文明、保护生态
吗？（   ）

A. 愿意　　　　 B. 不愿意　　　 C. 无所谓

130. 为保护蓝天，我们在出门时，应该（   ）。

A. 尽量选择乘坐舒适的交通工具　　 B. 使用私家车

C. 尽量选择乘坐公共交通工具

131. 减少"白色污染"我们应该（   ）。

A. 自觉地不用、少用难降解的塑料包装袋

B. 乱扔塑料垃圾　　 C. 尽量使用塑料制品

132. 您认为生态文化最重要的是什么？（最多选 4 项）
（   ）

A. 治安状况好　　 B. 家庭和睦　　 C. 邻里友好

D. 尊老爱幼　　　　E. 没有黄赌毒　　　F. 遵守公共秩序

G. 精神面貌好　　　H. 管理民主　　　　I. 社区整洁

J. 没有环境污染　　K. 其他_____

133. 您在生活中存在下列哪些问题？（多选）（　　　）

A. 未随手关灯　　　　B. 随地吐痰　　　　C. 随手扔垃圾

D. 使用一次性碗筷　　E. 经常购买包装复杂的商品

F. 在禁烟区吸烟　　　G. 经常在用完电器后不拔插座

J. 其他_____

134. 如果世界末日真的到来，您认为造成的原因是（多选）（　　　）

A. 乱砍滥伐，盲目开采　　B. 温室效应　　C. 资源再利用

D. 臭氧层破坏　　　　　　E. 人为因素　　　F. 其他_____

135. 在日常生态文化生活中，您认为自己缺失了哪些方面？（可多选）（　　　）

A. 制度上：强有力的规章约束自己

B. 精神上：先进的思想引导自己

C. 物质上：绿色环保的生活用品

D. 行为上：良好的行为带领身边的人

第七部分　生态文化建设

136. 您知道我国已经出台哪些有关生态环境保护的法律？（可多选）（　　　）

A. 中华人民共和国水污染防治法

B. 中华人民共和国固体废物污染环境防治法

C. 中华人民共和国清洁生产促进法

D. 中华人民共和国大气污染防治法

E. 中华人民共和国环境噪声污染防治法

F. 中华人民共和国环境保护法

G. 其他_____

137. 您对国家制定的关于推进生态文明建设的政策了解多少？（   ）

A. 非常了解   B. 比较了解   C. 一般了解

D. 不太了解   E. 完全不了解

138. 您认为国家制定的这些政策对于生态文明的建设有影响吗？（   ）

A. 有很大影响   B. 有一些影响   C. 影响不大

D. 没有影响   E. 我不清楚

139. 您自己亲身投入到生态文明建设中吗？（   ）

A. 积极投入   B. 投入一些   C. 还没有投入，但想要投入

D. 没有投入，也不想投入

140. 您身边有积极投入生态文明建设的亲朋好友吗？（   ）

A. 有很多   B. 有一些   C. 很少有   D. 根本没有

141. 您对于身边的不文明生态行为有什么想法吗？（   ）

A. 会去制止并介绍生态文明相关意义

B. 只会去劝说但对方接受与否就不再管

C. 看到过这种行为但与自己目前利益无关不会管

D. 根本就没有在意过这种行为

142. 下列哪一项是可以分类回收、循环再生的垃圾？（   ）

A. 回收废塑料   B. 回收剩饭

C. 回收废纸   D. 回收生物垃圾

143. 公众参与是实现可持续发展的一个重要方面，下面的公众行为符合可持续发展思想的是：（   ）。

①使用公共交通工具；②追求计算机的更新换代；③垃圾分类回收利用；④农田灌溉采用大水漫灌；⑤自备篮子买菜

A. ①③⑤　　B. ②③⑤　　C. ③④⑤　　D. ②③④

144. 在全国各地发现污染环境行为，向环保部门举报应拨打电话：（　　）

A. 12315　　　B. 12345　　　C. 12369　　　D. 12318

145. 对于现有的口岸地区、县域、社区生态文化活动，您的总体感觉是：（多选）（　　）

A. 重物质环境改造，轻精神文明建设

B. 重形式，轻内容；重表象，轻实质

C. 物质文明与精神文明建设并重

D. 物质文明有待加强，精神文明亦需改进

E. 没有什么影响　　F. 其他_____

146. 您觉得社区生态文化建设应该加强哪一块的工作？（多选）（　　）

A. 家庭文化　　　B. 广场文化　　　C. 娱乐文化

D. 互助文化　　　E. 其他_____

147. 您所在社区的文化活动已经在哪些方面走向规范，有了比较可靠的保障？（多选）（　　）

A. 政策　　　B. 设施　　　C. 人才　　　D. 资金

E. 群众基础　　　F. 其他_____

148. 您认为口岸地区、社区开展的哪些文化活动能够对多数居民、外国人有吸引力？（多选）（　　）

A. 知识讲座　　　B. 趣味运动会　　　C. 爱心活动

D. 书法、绘画、摄影比赛　　　E. 棋类比赛

F. 家庭文化建设　　　G. 文化活动室

H. 露天电影、文艺演出　　　I. 其他_____

149. 您认为比照"生态口岸霍尔果斯"，"生态宁海县"，"生态静宁县"建设，我们应该倡导生态消费并开始行动吗？

（　　）

　　A. 无所谓，只要自己过得舒服就行

　　B. 见效太慢，还是另寻其他路径吧

　　C. 当然应该，而且要从自己做起

　　150. 在文化建设方面，您迫切期待政府解决的问题有哪些？（限选三项）（　　）

　　A. 加大文化基础设施建设　　B. 指导开展各类文体活动

　　C. 发展农村特色文化　　　　D. 增添村级文化活动器材

　　E. 增加文化建设经费投入　　F. 制定、完善相关文化政策

　　G. 其他_____

　　151. 您觉得以下因素哪些在县域及口岸地区生态文明的建设过程中比较重要？（多选）（　　）

　　A. 政府的政策　　B. 经济的支持　　C. 先进的科技

　　D. 奖惩制度　　　E. 宣传教育　　　F. 完善的管理

　　G. 全民素质　　　H. 其他_____

　　152. 您认为您所在县域、口岸地区生态文化建设制度方面合理吗？（　　）

　　A. 非常合理　　B. 较合理　　C. 不合理　　D. 不清楚

　　153. 对于您所在县域、口岸地区生态文化严重缺失情况，您有何看法？（　　）

　　A. 积极改造　　　　　　B. 保持现状

　　C. 心有余而力不足　　　D. 与我无关

　　154. 加强生态文化的科学研究和人才培养是生态文化建设的主要举措，您认为应该从哪些方面入手？（限选三项）（　　）

　　A. 加大生态文化的科研投入

　　B. 积极开展生态文化的研究

　　C. 加强生态建设和保护

D. 实现经济与生态双赢、人与自然和谐共生

E. 培养生态文化研究的高层次人才

F. 其他_____

155. 研究和推广生态科学技术也是生态文化建设必不可少的内容，您认为应该怎么做？（限选三项）（　　　）

A. 要积极研究开发清洁生产技术　　B. 节能减排技术

C. 再利用技术　　　　　　　　　　D. 能源利用技术

E. 生物技术　　　　　　　　　　　F. 绿色消费技术

G. 生态恢复技术　　　　　　　　　H. 其他_____

156. 发展生态文化产业是生态文化建设的核心，您认为如何操作？（限选三项）（　　　）

A. 做大做强山水文化、树文化、竹文化、茶文化、花文化等物质文化产业

B. 大力发展以成纪文化和历史文化名人为题材的影视、音乐、书画、文学艺术等精神文化产业

C. 发展培训、咨询、论坛、传媒、网络等信息文化产业

D. 鼓励投资者投资生态文化产业，以经贸带动文化产业发展

E. 扩大口岸对外文化传播交流渠道，例如打造静宁文化品牌

F. 其他_____

157. 完善制度是生态文化建设的保障，您认为最需要加强的是：（　　　）

A. 要建立绿色决策机制，从完善地方法规体系和管理体系入手

B. 从探索绿色经济核算制度和相关的统计制度入手

C. 引导和鼓励绿色消费

D. 完善自然生态与环境保护的法律机制

E. 其他_____

158. 国内外有很多关于生态文化环境保护方面的名著，您读过哪几本？（可多选）（　　　）

A. 美国奥尔多·利奥波德著《沙乡年鉴》

B. 马寅初著《新人口论》

C. 曲格平著《我们需要一场变革》

D. 巴里·康芒纳著《封闭的循环》

E. 徐刚著《伐木者，醒来》

159. 绿色环保经典名著《寂静的春天》，作者是（　　　）

A. 美国著名海洋学家、女作家蕾切尔·卡逊

B. 美国副总统阿尔·戈尔

C. 美国作家亨利·梭罗

生态文化建设是一个系统工程。作为公民要以科学发展观为指导，充分认识生态文化建设的重要性，积极参加生态文明建设，承担生态治理的责任，促进社会和谐，努力为实现生态文明社会而努力。

问卷调查到此结束，再次感谢您的支持与配合！

县域文化场馆活动建设改革与发展课题组

2012 年 5 月

县域、边疆（口岸地区）
文化建设调查问卷*

尊敬的＿＿＿＿＿女士/先生：

您好！

新世纪新时期，文化的竞争已经成为世界各国竞争的一个新的制高点，而文化身份和文化认同也成为增强国家和民族凝聚力的重要方面。党的十七届六中全会做出关于深化文化体制改革，推动文化产业大发展大繁荣的决定，把文化建设放在党和国家战略全局的高度。发展社会主义文化，进行社会主义文化建设事关国家的统一和民族的团结，也事关全民族科学文化素质的提高和思想品德、道德修养的提高，在社会主义和谐社会中占有极其重要的地位。本调查问卷答案没有对错之分，所得数据仅为课题研究使用，不会泄露您的私密信息，您的答案具有不可替代的意义，为力求调查客观、准确、真实，请在符合您情况的项目内填写或用"√"表示。

希望能得到您的配合和支持，谢谢！

---

* 问卷设计人：中国社会科学院文化研究中心副主任胡文臻博士，兰州城市学院常务副院长刘举科教授，董知珍博士。

第一部分　个人基本信息

姓名：　　　　性别：　　　　年龄：

民族：　　　　职业：　　　　联系电话：

电子邮箱：　　　　　学历：

家庭住址：　　省（市）　　　市（地区）　　　县（市区）　　　乡镇（街道）

第二部分　文化基础知识

1. 您认为文化应该包括：（多选）（　　　）

A. 各种器物　　　B. 法律制度　　　C. 文学艺术

D. 精神信仰　　　E. 社会组织

2. 文化的基本特征有：（多选）（　　　）

A. 文化的普遍性与特殊性　　　B. 后得性　　　C. 适应性

D. 分化与整合　　　　　E. 变迁与涵化

3. 您对中国四大名著的阅读情况是：（　　　）

A. 都看过并多次读过　　　　　B. 多次看过其中一两部

C. 看过其中一两部　　　　　D. 基本上没看过

4. 您对京剧的看法是：（　　　）

A. 很喜欢　　　　　B. 很了解并熟悉它

C. 只知道一点　　　　D. 很不喜欢

5. 从地域文化角度讲，甘肃陇东地区属于：（　　　）

A. 农业文化　　　　　B. 游牧文化

C. 荒漠绿洲文化　　　　D. 高原雪域文化

6. 下列剧种中，您最喜欢哪种？（　　　）

A. 秦腔　　　B. 京剧　　　C. 川剧　　　D. 黄梅戏

7. 从地域文化角度讲，苏州园林、刺绣所属的文化区是：

（　　）

 A. 中原文化区   B. 吴越文化区

 C. 岭南文化区   D. 巴蜀文化区

8. 您认为民族文化对一个民族最主要的作用是：（　　）

 A. 凝聚力 B. 自信心 C. 荣誉感 D. 归属感

9. 您认为下列哪种途径可以提升民族文化？（多选）（　　）

 A. 教育   B. 广告宣传   C. 发展经济

 D. 产品自主化 E. 提高自身实力

10. 您对宗教信仰的理解是：（　　）

 A. 迷信   B. 唯心主义   C. 精神寄托

 D. 它是真理，确有其事 E. 不了解

11. 您的信仰是：（　　）

 A. 科学   B. 真理   C. 正统宗教

 D. 马克思主义 E. 什么都不信

12. 您认为宗教与科学有矛盾吗？（　　）

 A. 有矛盾   B. 有矛盾，但可以长期共存

 C. 没有矛盾   D. 不清楚

13. 您怎样看待信教人群？（　　）

 A. 是他们的精神寄托，表示理解 B. 是种特殊的爱好

 C. 他们太迷信，不可理解   D. 无法理解

 E. 排斥、拒绝

第三部分　文化生产

14. 与物质生产相比，文化生产：（　　）

 A. 把社会效益放在首位，并把社会效益视为最高准则

 B. 精神产品的物化形态

 C. 能够满足人们的精神需求，其价值是永恒的

D. 其成果为观念形态，其价值难以计量

15. 您认为文化产品主要有：（多选）（ ）

A. 影视剧　　　　B. 图书　　　　C. 流行音乐

D. 文艺演出　　　E. 动漫产品

16. 文化产品的特点是：（多选）（ ）

A. 创新性　　　　B. 价值的非消耗性　　　C. 商品性

D. 大众化　　　　E. 技术性

17. 您创作的形式有：（多选）（ ）

A. 写小说　　　　B. 拍影视剧　　　　C. 书画展

D. 出版专著、发表论文　　　E. 进行科学实验

F. 其他＿＿＿＿＿＿

（一）农村文化生产

18. 您从事的产业是：（ ）

A. 农业　　　　B. 工业　　　　C. 服务业

19. 您的主要收入来源是：（ ）

A. 农产品　　　B. 工资　　　　C. 打工所得

D. 个体经营　　E. 其他＿＿＿＿

20. 您的月收入水平为：（ ）

A. 1000 元以下　　B. 1000～3000 元　　C. 3000～5000 元

D. 5000～10000 元　　E. 10000 元以上

21. 您认为西部地区农村最适宜的生产是：（ ）

A. 农作物种植　　D. 经济作物种植　　C. 农家乐旅游

D. 家畜饲养　　　E. 其他＿＿＿＿

22. 您认为对种子的选取应：（ ）

A. 选取高产新品种

B. 选取适合本地气候和土壤的新品种

C. 选取往年已经种过的品种

D. 看别人种什么自己就种什么

23. 您认为化肥的施肥应该：（　　）

A. 越多越好　　　　　　　　B. 各种肥料按比例施用

C. 化肥太贵，尽量少施肥　　D. 应该施用农家肥

24. 您从哪里购买种子、化肥和农药？（　　）

A. 农技站　　B. 专卖店　　C. 市场　　D. 其他

25. 你遭遇过买假种子、假化肥、假农药吗？（　　）

A. 有　　　　　　　B. 没有

26. 您认为城乡差距主要表现在：（多选）（　　）

A. 经济发展水平　　　B. 收入水平　　　C. 交通、通信

D. 公共服务、综合配套　　E. 医疗　　　F. 教育

27. 您认为增加农民收入的主要困难是：（　　）。

A. 文化水平低　　　B. 缺乏途径，不知该如何提高收入

C. 信息来源少，消息闭塞

D. 村干部引导不力，瞎指挥、乱摊派

28. 您获取信息的渠道是：（　　）。

A. 电视　　　　B. 报纸　　　C. 听别人介绍

D. 网络　　　　E. 政府文件

29. 对于政府提供的各种技术培训，您怎么看？（　　）

A. 有意义，能够给农民一技之长，增加就业机会

B. 没有意义，对自己工作的帮助不大

C. 政府提供的培训大多是走过场，没有实际意义

30. 对于农村地区农业技术推广工作，您是怎么看的？（　　）

A. 对农业生产的帮助很大

B. 对农业生产起一些帮助作用

C. 没有帮助，没有实际效果

D. 条件不具备，成本过高

31. 您最希望对农村进行哪个方面的改造？（　　）

A. 进行村与村和村内道路的改造　　B. 自来水

C. 医疗卫生设施　　　　　　　　　D. 农田标准化改造

32. 您认为您周边的社会风气如何？（　　）

A. 风气很好，没有不和谐现象

B. 风气比较好，有个别不和谐现象

C. 风气比较差，各种纠纷比较多

D. 风气很差，各种矛盾突出

33. 您认为您周边社会风气不好的原因主要在：（多选）
（　　）

A. 赌博　　　B. 盗窃　　　　C. 违规建房

D. 吸毒　　　E. 封建迷信活动　　F. 卖淫嫖娼

34. 您所了解的目前农村村委会对涉及农民切身利益的事是
怎样决策的？（　　）

A. 由村干部决定村里的重大事务

B. 由村民代表大会讨论决定

C. 按照上级政府的意愿办事

35. 您认为村委会应该在哪些方面为村民办实事？（多选）
（　　）

A. 管理治安，维护社会秩序　　B. 土地管理

C. 社会保障　　　D. 医疗、教育等公共事务

E. 多向上级政府反映群众的真实意见

F. 调解邻里纠纷，化解基层矛盾

36. 您认为社会主义新农村应该新在哪里？（　　）

A. 新的村容村貌　　　　　B. 新的思想观念

C. 新的生活习惯　　　　　D. 新的经济增长方式

37. 国家提出社会主义新农村建设的五个目标，您认为哪个应该优先解决？（　　）

　　A. 生活富裕　　　　　B. 乡村文明　　　　C. 生产发展

　　D. 管理民主　　　　　E. 村容整洁

38. 您认为在新农村建设中，首先要解决的问题是：（　　）

　　A. 经济发展问题　　　　　　B. 民俗民风问题

　　C. 环境保护问题　　　　　　D. 社会保障问题

39. 您认为新农村建设的关键是：（　　）

　　A. 引入新型产业　　　　　　B. 农民整体素质提高

　　C. 生活和居住环境的改善　　D. 养老制度的改善

40. 您认为目前新农村建设的最主要障碍是：（　　）

　　A. 政策宣传力度不够　　　　B. 技术支持不够

　　C. 地方资金支持不够　　　　D. 人力支持不够

　　E. 部分官员贪污腐败

41. 在新农村建设中，您最担心的问题是：（　　）

　　A. 自筹资金的比例过高　　　B. 有人从中以权谋私

　　C. 出现豆腐渣工程　　　　　D. 生活没有得到改善

　　E. 成为政府官员的政绩或形象工程

42. 您认为新农村建设要做到：（多选）（　　）

　　A. 增加像健身操之类的健身娱乐活动

　　B. 为村民提供创业相关的平台和扶持

　　C. 农村道路的修整　　　D. 农村路灯的亮化

　　E. 发展林果产业　　　　F. 发展工业

43. 作为普通村民，您认为在新农村建设中应发挥怎样的作用？（　　）

　　A. 响应政府的号召和村里的安排参加各种活动

　　B. 村委会和上级政府应尊重农民的主体作用和创新精神，

让农民唱主角

C. 向村里和上级政府提出建议　　　D. 不清楚

（二）城市、企业文化生产

44. 您认为企业最重要的竞争力是：（　　　）

A. 产品　　　B. 技术　　　C. 服务　　　D. 人才

45. 在下列选项中，您认为继承和弘扬企业文化最重要的三点是：（多选）（　　　）

A. 创新　　　B. 诚信　　　C. 拼搏　　　D. 奉献

E. 勤俭节约　　F. 自力更生

46. 在下列选项中，在企业精神中，最应强调的三个选项是：（多选）（　　　）

A. 创新　　　B. 求实　　　C. 拼搏　　　D. 奉献

E. 诚信　　　F. 团队协作　　　G. 服务至上

47. 当您发现工作没人负责时，您会：（　　　）

A. 做好自己的本职工作就行了，不管他事

B. 不予处理，但向领导汇报

C. 认真处理，公司的事就是自己的事

D. 认真处理，并向领导汇报

E. 告诉别人去做

48. 您认为哪种方式最能提高员工的积极性和创造性？（多选）（　　　）

A. 提高收入　　B. 改善福利待遇　　C. 晋升职位

D. 提供培训机会　E. 领导认可

49. 如果您是一位国有企业员工，您是否愿意长期在该企业工作？（　　　）

A. 愿意　　B. 不知道　　C. 看以后机会　　D. 肯定不会

50. 您是否对您所属的工作有成就感？（　　）

A. 有　　　　　B. 有时有　　　　　C. 没有

51. 在下列选项中，在未来企业的价值观念中，最应强调的三个选项是：（多选）（　　）

A. 优胜劣汰　　B. 质量是企业的生命　　C. 服务至上

D. 以人为本　　E. 居安思危意识　　　　F. 诚信经营

G. 国际化发展　H. 创新进取

第四部分　文化消费

52. 您在闲暇时间主要做：（　　）

A. 看电视　　B. 看书、报纸、杂志　　C. 打牌、打麻将

D. 上网　　　E. 健身

53. 您的业余爱好是：（　　）

A. 书法绘画　　B. 下棋娱乐　　C. 体育锻炼

D. 文艺演出　　E. 上网冲浪　　F. 其他_____

54. 从消费角度讲，您更愿意把收入花在：（　　）

A. 衣、食、住、行等物质消费项目上

B. 音像制品、书籍、绘画、旅游等文化消费项目上

55. 您觉得以下哪些因素会影响您对文化消费的选择？（多选）
（　　）

A. 个人喜好　　B. 流行元素　　C. 价格高低

D. 攀比心理　　E. 其他

56. 您进行文化消费的目的有哪些？（多选）（　　）

A. 娱乐消遣，打发时间　　B. 锻炼身体，促进身心健康

C. 提升个人的形象

D. 增加文化知识，促进自身能力提高

E. 拓宽视野，增长见识，扩大人际交往

57. 对于盗版书籍、影视作品，您是什么态度？（　　）

A. 政府应坚决打击这类非法行为

B. 不会购买，但也不会举报

C. 感觉挺好的，便宜，经常用　　D. 无所谓，不关心

58. 以下哪些是您倾向的文化消费项目？（多选）（　　）

A. 看电视、听广播　　B. 上网　　C. 阅读书报杂志

D. 看电影或购买影碟　　E. 听音乐或购买 CD

F. 听歌剧看话剧　　G. 参观博物馆　　H. 散步、健身

I. 旅游、摄影、购买环保书刊

59. 您觉得文化消费主要有什么作用？（多选）（　　）

A. 满足自身生活需要　　B. 促进经济发展

C. 为城市生活增光添彩

D. 参与文化活动，促进文化产业的发展

E. 没多大作用，娱乐而已

60. 您平时上网喜欢做哪些事？（多选）（　　）

A. 聊天　　B. 玩游戏　　C. 收集资料，下载软件

D. 写作　　E. 了解新闻资讯　　F. 收发邮件

G. 观看影视剧　　H. 购物　　I. 恋爱交友

J. 其他_____

61. 您收看电视时倾向于哪些栏目？（多选）（　　）

A. 综合　　B. 经济　　C. 文艺　　D. 体育

E. 影视剧　　F. 军事　　G. 新闻　　H. 纪录片

I. 法律　　J. 少儿动漫　　K. 音乐戏曲　　L. 科学教育

62. 您所看的图书、报纸、杂志的来源是：（多选）（　　）

A. 自己花钱买的　　B. 政府、组织或有关部门赠送的

C. 从乡镇文化站、图书馆或别人那借的　　D. 在阅报栏看的

E. 其他_____

63. 您认为当前关于农村、农业和农民等方面的报纸书刊：（多选）（　　）

　　A. 太少　　　　B. 不实用　　　C. 价格太贵

　　D. 文字不浅显，很难读懂　　　E. 内容粗俗

64. 您认为生活质量和幸福感与文化消费是否有关系？（　　）

　　A. 很重要，离不开　　　B. 有一点　　　C. 没有关系

65. 您认为您周边的文化消费氛围如何？（　　）

　　A. 很好，完全符合大众的要求

　　B. 较好，对大众的消费有积极影响

　　C. 一般，不太符合大众的要求

　　D. 较差，缺乏政府的有序引导

　　E. 极差，文化消费市场比较混乱，没有游戏规则

66. 您对文化消费观念的看法是：（　　）

　　A. 节约型，能省则省　　　　B. 适当型，能买便买

　　C. 放纵型，喜好就买　　　　D. 绿色、节能环保型

67. 在以下文化消费选项中，哪个或哪些是您最期待的？（多选）（　　）

　　A. 电影票、演出票、书价等能再低一些

　　B. 周边能找到更多合适的文化设施或场所

　　C. 影视剧、文艺演出、书报杂志的内容能更丰富多彩、更有看头、深入人心

　　D. 上网速度能更快一些，内容服务更个性化

　　E. 其他_____

68. 您认为阻碍文化产品消费的最主要因素是：（　　）

　　A. 没有时间　　　　B. 没有钱

　　C. 周围缺乏合适的文化设施或场所

　　D. 没兴趣　　　　E. 其他娱乐活动

69. 您认为在文化消费中存在的主要问题是：（多选）
（   ）

A. 文化消费场所环境差、氛围单调

B. 文化娱乐内容格调低下，高质量文化书刊少，文化工作者及研究者的作品打动不了大众

C. 文化消费服务质量差

D. 政府对文化娱乐场所监管不力

70. 您认为如何才能更好地促进文化消费：（多选）（   ）

A. 建立文化引领辅导员队伍，促进经济繁荣发展

B. 定期免费开放文化艺术场所

C. 导向正确，促进消费，引导公众评价文化产业、文化书刊、报告

D. 发展公众文化活动，让更多市民参与

E. 大力发展文化广告、文化标志

第五部分 文化生活

71. 您认为农村现在的文化生活与10年前相比：（   ）

A. 比10年前更丰富   B. 与10年前没两样

C. 不如10年前

72. 现在农村地区的主要文化活动有：（多选）（   ）

A. 放电影   B. 演戏   C. 民间艺术表演和民俗活动

D. 劳动技能比赛   E. 各种旅游活动

F. 举办庙会   G. 宗教活动   H. 封建迷信活动

73. 地方政府为农民提供的文化活动场所有：（多选）（   ）

A. 文化活动中心   B. 电影院   C. 有线广播、电视

D. 报纸杂志阅览室   E. 农民技术培训学校

F. 体育健身场所   G. 宗教寺院   H. 没有提供

74. 当地政府举办过哪些文化活动？（多选）（　　）

A. 放电影　　B. 演戏　　C. 民间艺术表演和民俗活动

D. 劳动技能比赛　　　　E. 各种旅游活动

F. 举办庙会　　G. 体育比赛　　H. 节庆活动

75. 您对当地文化站（服务中心）的看法是：（　　）

A. 为农民提供了丰富的文化服务　　B. 名存实亡

C. 提供了一些服务，但远远不能满足农民的需求

D. 专养人不服务

76. 您认为乡镇文化站应该如何改革？（　　）

A. 撤销乡镇文化站（不再设立类似的机构）

B. 保留文化站，改进服务

C. 将文化站改为服务中心，变养人为养事

D. 将文化站承包给个人，实行企业化经营

77. 您认为农村文化活动资金应如何筹集？（多选）（　　）

A. 政府财政拨款　　B. 社会募捐　　C. 村民集资

D. 乡镇企业出资　　E. 上述渠道都有

78. 您认为政府在农村文化服务上应该：（多选）（　　）

A. 加大财政投入　　　　B. 加快文化体制改革

C. 鼓励更多更好的农村题材作品创作

D. 开展形式多样的农村文化活动

E. 加强农村文化基础设施建设

F. 加大文化资源向农村地区倾斜

G. 加快发展农村民办文化产业

H. 打击封建迷信和邪教

79. 您对当地政府提供的文化活动的评价是：（　　）

A. 很满意　　　　B. 比较满意　　　　C. 一般

D. 不太满意　　　　E. 非常不满意

80. 您所居住的社区属于：（　　　）

A. 城市社区　　　　　B. 城乡结合部社区

C. 农村自治社区　　　D. 其他_____

81. 您在自己社区的位置是：（　　　）

A. 普通居民　　　　　　B. 基层社区管理者

C. 高层社区管理者　　　D. 物业服务人员

82. 您所在社区现有哪些文化设施和文化组织？（多选）
（　　　）

A. 图书馆　　　B. 报纸宣传栏　　　C. 综合性活动室

D. 诗书画社　　E. 电脑室　　　　　F. 网站、论坛

G. 篮球、乒乓球等场地　　　H. 健身器材

J. 戏剧音乐团体　　　K. 文化休闲广场

83. 您所在社区是否会举行一些社区文化活动？（　　　）

A. 从来没有　　　　　B. 偶尔会有，很少

C. 不定期会有一些　　D. 较多

84. 您所在社区举办文化活动面向的对象是：（　　　）

A. 老年人　　　B. 中年人　　　C. 青年人

D. 少年儿童　　　E. 不确定对象

85. 您参加的社区活动主要由谁组织？（　　　）

A. 自发组织　　　B. 政府、社区工作站

C. 社区居委会　　D. 物业管理中心

86. 您对您所在的社区文化活动：（　　　）

A. 非常满意　　B. 满意　　C. 基本满意　　D. 不太满意

E. 不满意　　　F. 不清楚

87. 政府工作人员的主要文化生活有：（　　　）

A. 看电视　　　B. 上网　　　C. 观看文艺演出

D. 健身锻炼　　E. 茶楼会所

88. 政府工作人员对下列哪些方面满意？（　　　）

A. 生活状况　　　B. 住房条件　　　C. 社会地位

D. 人际关系　　　E. 生活方式　　　F. 休闲娱乐

G. 个人理想

89. 您认为政府工作人员的工作内容：（　　　）

A. 很丰富、很充实　　　　B. 有一些单调

C. 重复工作、很乏味　　　D. 不清楚

90. 您认为政府工作人员的工作应看重：（　　　）

A. 收入和福利　　B. 社会地位　　C. 为社会公众服务

D. 个人发展　　　E. 其他

91. 您认为政府工作人员的职务晋升依据是：（　　　）

A. 工作能力和绩效　　B. 工作资历和年限　　C. 学历

D. 个人背景　　　　　E. 社会关系

92. 您如何看待官员的"辞官下海"？（　　　）

A. 很好，换一种环境和生活方式，挑战自我

B. 有更好的机会和更高的收入也不错

C. 还是公务员好，收入稳定，有保障

D. 不清楚

93. 您对一些官员在高档娱乐场所的文化生活是怎么看的？
（　　　）

A. 这是生活腐化的表现　　B. 是工作需要

C. 适可而止　　　　　　　D. 及时行乐

94. 您认为政府工作人员的文化生活应该：（　　　）

A. 注意自身形象，克己自律

B. 充分享受生活，追求幸福生活

C. 提高自身素质

D. 陶冶情操，修身养性

第六部分　文化价值认同和文化引领

95. 您觉得传统文化在现代社会中是否值得学习？（　　）

A. 传统文化在当今社会还是具有积极意义，值得学习的

B. 并不是所有的传统文化都值得学习，还是应该去其糟粕

C. 传统文化在现代社会已经具有消极意义，不值得学习

96. 传统文化和外国文化相比，您对哪个更有兴趣了解？
（　　）

A. 中华文化，底蕴深厚　　　　B. 外国文化，更具吸引力

C. 无所谓，只要值得学习

97. 您对韩国将端午节申请为世界文化遗产怎么看？（　　）

A. 是件好事，说明中国文化已经得到世界人民的认可

B. 韩国所申请的是祭祀礼仪等方面的传统，与我国重视的
庆祝方面并无冲突

C. 侵犯了中国的知识产权，应坚决抵制

98. 对于如何继承中国传统文化，您怎么看？（　　）

A. 把中国文化发扬光大

B. 跟随长辈的做法，按照他们的意愿来做

C. 已经过时了，应与时俱进

D. 无所谓

99. 您认为在当今社会有没有必要学习"四书五经"等典
籍？（　　）

A. 有必要，"四书五经"的内容及哲学思想对现代人有积
极意义和极强的参考价值

B. 没必要，"四书五经"是维护封建制度的陈腐观念，束
缚了人们的思想

C. 要一分为二地看"四书五经"的积极意义和消极影响

100. 您认为在全球化的背景下，中国传统文化将：（　　）

A. 全面复兴　　　　B. 与其他文化相互融合

C. 日渐衰落　　　　D. 最终消亡

101. 您认为一个民族成员对其所属的民族的认同和归属感表现在：（多选）（　　）

A. 对本民族及所取得的成就感到自豪

B. 经常参加本民族的各种活动

C. 花时间学习、了解本民族的历史、文化、传统和习俗

D. 认为个人命运与本民族的命运息息相关

E. 为中华民族的经济腾飞感到自豪

102. 当今社会大众传媒在促进民族文化传播发展中起着十分重要的作用，但同时又有一些人利用媒体散布虚假信息，冲击民族文化认同，对此您的态度是：（　　）

A. 强烈反对　　　　B. 半信半疑

C. 辩证分析　　　　D 相信并参与其中

103. 在多元文化的趋势下，地域特色和民族特色得以彰显，也衍生出了独立分裂势头，严重冲击对中华民族文化的认同，您的看法是：（多选）（　　）

A. 加强不同民族的文化交流

B. 逐渐淡化狭隘的民族意识

C. 应强化中华民族意识

D. 坚决打击民族分裂主义

104. 您认为加强民族成员的认同意识，要：（多选）（　　）

A. 在求同存异的基础上吸收融合不同民族的优秀文化，发扬民族文化

B. 加强对民族风俗、习惯、传统、节日及非物质文化遗产的保护

C. 进一步弘扬中华文化，建设中华民族共同精神家园，以文化认同为纽带促进中华民族文化认同

D. 加强公民道德建设

E. 加大对少数民族地区的投入，缩小民族差距和地区差距

105. 您认为政府对民族文化保护的效果是：（   ）

A. 很好   B. 一般   C. 不好   D. 差   E. 不了解

106. 您怎样看待非政府组织在民族文化保护中的作用？（   ）

A. 非常重要   B. 重要   C. 一般

D. 不重要   E. 不了解

107. 您认为当前民族文化保护面临最大的问题是：（多选）

A. 没有健全的保护政策   B. 缺乏资金

C. 外来文化对传统文化的冲击   D. 全民保护意识差

108. 您认为政府应从哪些方面加强民族文化的保护？（多选）（   ）

A. 全面普查   B. 加大宣传   C. 加大资金投入

D. 设立传承人   E. 其他

109. 您认为保护民族文化的意义是：（多选）（   ）

A. 保护和维系我们的民族文化身份

B. 守护民族文化的精神家园

C. 培养下一代的文化认同和文化责任

D. 其他

110. 您认为人生最大的幸福是：（   ）

A. 有钱、有房、有车   B. 功名   C. 身体健康

D. 助人为乐   E. 简单而又平淡的生活

111. 您在结交朋友时，您会看重他的哪些方面？（   ）

A. 权力地位   B. 金钱   C. 人品   D. 能力

E. 个人涵养　　F. 性格

112. 当您遇到他人需要帮助的紧急时刻，您会：（　　）

A. 挺身而出，见义勇为

B. 在保护好自己的情况下，尽可能地帮助他人

C. 事不关己，明哲保身　　D. 说不清

113. 您怎样看待"舍小家，为大家"？（　　）

A. 我们应该以国家利益为重，个人利益为轻

B. 我们应该同等对待，二者互为并存

C. 我们应该以个人利益优先，然后考虑国家利益

114. 您认为，人的一生中价值观的形成受什么影响最大？（　　）

A. 学校教育　　　　B. 父母教育

C. 新闻媒体　　　　D. 朋友圈子

115. 您认为改革开放以来，我国取得重大成就的是哪些方面？（多选）（　　）

A. 公共医疗　　B. 基础建设　　C. 人民生活水平

D. 国民教育　　E. 经济建设　　F. 公民幸福感

G. 青年就业　　H. 国际地位　　J. 社会保障

I. 其他

116. 您认为当前我国社会面临的主要问题表现在哪些方面？（多选）（　　）

A. 经济发展方式　　B. 物价上涨　　C. 看病难、看病贵

D. 学费太高　　　　E. 就业难　　　F. 房价上涨

G. 贪污腐败　　　　H. 农民收入增长困难

J. 其他＿＿＿＿＿＿

117. 在下列文化思潮中，对您影响最大的是：（　　）

A. 中国传统文化　　B. 西方文化　　C. 马克思主义思想

D. 本民族文化　　　E. 说不清

118. 您知道社会主义核心价值体系的内容包括：（　　）

A. 马克思主义的指导思想

B. 中国特色社会主义的共同理想

C. 社会主义荣辱观

D. 以爱国主义为核心的民族精神和以改革开放为核心的创新精神

119. 您认为，实现自己的人生理想和价值，需要：（　　）

A. 与社会需要和个人长远发展相结合，依靠自我努力

B. 以自己的需要为主，利用别人的帮助

C. 与社会需要和个人长远发展相结合，在自我努力的前提下，得到他人的帮助

D. 响应国家号召和社会需要，尽力帮助他人，为国家和社会多作贡献

第七部分　县域文化建设和文化发展

120. 您所在的地区是：（　　）

A. 东部地区　　　　B. 中部地区　　　　C. 西部地区

121. 您认为当今社会的主流文化是：（　　）

A. 中国传统文化

B. 以马克思主义为指导的社会主义文化

C. 西方文化

D. 流行于广播、电视和网络等媒体的文化

122. 您是通过什么渠道接触主流文化的？（　　）

A. 报纸　　　B. 广播　　　C. 电视　　　　D. 网络

E. 政府文件　　F. 其他

123. 您是如何学习党的重要文献的？（　　）

83

A. 单位组织学习   B. 社区组织学习

C. 村委会或居委会组织学习   D. 自学

124. 您对当今社会的主流文化持什么态度？（   ）

A. 非常认同   B. 认同   C. 不认同   D. 无所谓

125. 您认为当今社会主流文化发展滞后的原因是：（多选）（   ）

A. 首先是主流文化发展滞后，完全不能满足物质生活水平不断提高的国人的精神需求

B. 主流价值诉求的模糊和大众媒体的扰乱视听，使得主流文化不够突出，没有发挥其应有的引导力和影响力

C. 道德教育的失败，在以经济建设为中心的指导思想影响下，政府、社会、民众难免表现出一种急功近利的思想，于是一切以经济利益为上，社会利益则被晾在一边

D. 其他

126. 您认为如何弘扬主流文化？（多选）（   ）

A. 利用社会主义核心价值体系教育人民，将社会主义核心价值体系融入国民教育和精神文明建设全过程，转化为人民的自觉追求

B. 文化管理部门要建立健全对主流文化产品创作生产的引导机制，强化监管手段，引导文化产品生产者坚持社会效益至上

C. 增强主流媒体的魅力，通过深入群众、深入基层、深入实际，牢牢把握社会发展潮流，创造出有魅力、受欢迎、反映百姓心声的作品，提升吸引力和感染力

D. 加强文化工作者的道德教育和责任心培养，公务员要成为主流文化的实践者

127. 县域地方政府应该如何发挥弘扬主流文化的主导地位？

（多选）（　　）

    A. 地方政府要把改善民生放在首要地位，要切切实实地赢得民心

    B. 地方政府官员要以身作则，成为引领主流文化的榜样，成为工作考评内容

    C. 地方政府和文化部门要主动深入了解人民群众的文化需求，以身边的典型正面事件加以引导

    D. 地方政府发挥基层组织和民众的主动性和积极性，创作契合民众、喜闻乐见的文艺作品

    E. 其他

128. 您认为应如何推进县域文化建设？（多选）（　　）

    A. 立足县情，发挥县域文化的优势资源，打造一至两个文化品牌项目

    B. 发掘本县文化资源的文化内涵，使传统文化与当今社会的主旋律紧密结合

    C. 把发展文化与改善民生紧密结合起来，提高人民群众文化建设的积极性

    D. 将文化建设的经济效益和社会效益紧密结合，突出文化建设的社会效益

    E. 当地党委和政府应加强自身文化建设，带头参与多项文化活动，提升对县域文化建设引领的能力

    F. 其他

问卷调查到此结束，再次感谢您的支持与配合！

县域、边疆（口岸地区）文化场馆活动建设
改革与发展课题组
2012 年 5 月

图书在版编目（CIP）数据

县域文化场馆发展报告：以浙江宁海和甘肃静宁为例/
胡文臻，刘举科著．—北京：社会科学文献出版社，2012.7
ISBN 978 - 7 - 5097 - 3758 - 3

Ⅰ.①县… Ⅱ.①胡… ②刘… Ⅲ.①县 - 群众文化 -
文化活动 - 公共场所 - 研究报告 - 中国 Ⅳ.①G249.23

中国版本图书馆 CIP 数据核字（2012）第 218217 号

县域文化场馆发展报告
——以浙江宁海和甘肃静宁为例

著　者/胡文臻　刘举科

出 版 人/谢寿光
出 版 者/社会科学文献出版社
地　　址/北京市西城区北三环中路甲 29 号院 3 号楼华龙大厦
邮政编码/100029

责任部门/社会政法分社（010）59367156　　责任编辑/周　琼
电子信箱/shekebu@ssap.cn　　　　　　　　责任校对/李　敏
项目统筹/周　琼　　　　　　　　　　　　　责任印制/岳　阳
经　　销/社会科学文献出版社市场营销中心（010）59367081　59367089
读者服务/读者服务中心（010）59367028

印　　装/北京季蜂印刷有限公司
开　　本/889mm×1194mm　1/32　　　　印　张/2.875
版　　次/2012 年 7 月第 1 版　　　　　　　字　数/68 千字
印　　次/2012 年 7 月第 1 次印刷
书　　号/ISBN 978 - 7 - 5097 - 3758 - 3
定　　价/19.00 元